LIRE LES CLASSIQUES

Accompagnement à la lecture de l'œuvre et entraînement aux épreuves du BAC

1re

Parcours : théâtre et stratagème

W0467333

MARIVAUX

Les Fausses Confidences

Béatrice Ferrari
Agrégée de Lettres modernes,
Académie de Lyon

bordas
éditeur

Les contenus numériques du cahier

Pour découvrir et étudier l'œuvre intégrale

- **Le texte intégral annoté des *Fausses Confidences***

Téléchargez l'intégralité du texte

- **Des quiz pour vérifier que vous avez bien lu l'œuvre**

Pour s'entraîner à l'oral

- **Tous les extraits des explications linéaires lus par Florence Muller et Éric Verdin**
- **Un exemple oral d'explication linéaire**
- **Un exemple oral de question de grammaire**
- **Un exemple oral de présentation d'œuvre**

Pour toutes ces ressources, 2 moyens d'accès :
– QRcode®, sur votre smartphone ou votre tablette
– Site compagnon : lire-les-classiques.editions-bordas.fr

Pour accéder aux ressources par QRcode®, c'est simple :
1. Téléchargez gratuitement l'application QRcode® sur votre smartphone ou tablette.
2. Scannez le QRcode®.
3. Accédez directement à la ressource.

 – ISBN 978-2-04-733868-1

sommaire

Entrer dans l'œuvre

Lire et comprendre l'œuvre

Lire et comprendre le parcours associé

Se préparer à l'oral du BAC

Se préparer à l'écrit du BAC

Prolongements

Naissance à Paris de Pierre Carlet de Chamblain de Marivaux dans une famille bourgeoise.

Après des études à la faculté de droit, Marivaux se consacre à la littérature.

Première comédie : *Le Père prudent et équitable*, et premier roman : *Les Effets surprenants de la sympathie*.

Utilisation du nom de plume « Marivaux » pour la première fois, pour signer un poème.

Mariage avec Colombe Bologne dont il aura une fille. Marivaux devient journaliste et collabore au journal *Le Mercure*.

Succès de la comédie *Arlequin poli par l'amour*. Marivaux devient l'auteur attitré de la troupe du Théâtre-Italien.

1688 | **1710** | **1712** | **1716** | **1717** | **1720**

LES COMÉDIENS ITALIENS

À partir de 1720 et pendant vingt ans, Marivaux collabore avec la troupe qui joue à l'hôtel de Bourgogne, à Paris. Les Comédiens italiens perpétuent la tradition de la ***commedia dell'arte***. Née en Italie à la Renaissance, cette forme de théâtre comique repose sur l'improvisation et sur des personnages stéréotypés comme Arlequin. Cette collaboration participe au **renouvellement de la comédie en France**.

LE RÈGNE DE L'ARGENT

Alors que l'Ancien Régime était construit sur les trois états (le clergé, la noblesse et le tiers état), la **bourgeoisie** prend de plus en plus d'importance au XVIIIe siècle. Les bourgeois, qui s'enrichissent grâce au commerce, contestent le privilège du sang dont bénéficient les nobles. En 1720, une **crise financière** ruine une partie de la population française, dont Marivaux lui-même.

Activité 1 : DÉCOUVRIR MARIVAUX

À partir des informations ci-dessus et de celles que vous trouverez sur le site gallica.bnf.fr/essentiels/marivaux, réalisez une carte mentale pour présenter Marivaux.

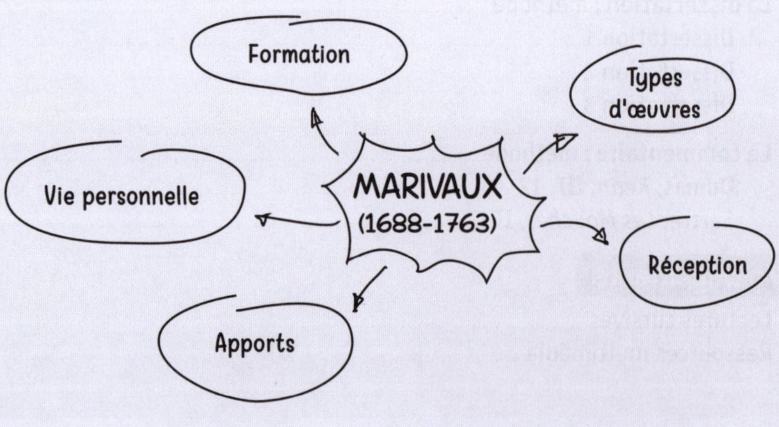

Rédacteur du journal *Le Spectateur français*.

Première représentation du *Jeu de l'amour et du hasard*.

Première représentation de *La Fausse Confidence* à l'hôtel de Bourgogne. Après un accueil tiède, la pièce est reprise sous le titre *Les Fausses Confidences*, et c'est un succès.

Marivaux est élu à l'Académie française.

Dernière comédie : *La Femme fidèle*. Entre 1720 et 1755, Marivaux a composé une trentaine de comédies, qui lui ont apporté le succès, et ont même donné naissance au nom commun « marivaudage ».

Marivaux meurt d'une pleurésie (inflammation des poumons).

1721-1724	1730	1737	1742	1755	1763

LES LUMIÈRES

Le XVIIIe siècle est le siècle des Lumières : des **philosophes** comme Voltaire (1694-1778), Montesquieu (1689-1755) ou Diderot (1713-1784) s'engagent **contre l'autoritarisme politique et religieux**, prônent le **développement du savoir** et aspirent à une **société plus juste**. Leurs idées se diffusent à travers leurs ouvrages et dans les salons que Marivaux fréquentait. Elles trouvent aussi un écho dans les comédies du temps, qui prennent une **dimension plus sociale**.

Activité 2 : DÉCOUVRIR LES COMÉDIENS ITALIENS

Observez le tableau *Les Comédiens italiens*, d'Antoine Watteau.

Antoine Watteau (1684-1721), *Les Comédiens italiens*, 1720, National Gallery of Art, Washington.

a. Faites une recherche pour retrouver au moins cinq personnages de la *commedia dell'arte* représentés ici.

....

....

....

....

b. Quel personnage est mis en valeur sur le tableau ? Comment ?

....

....

....

....

c. Quels liens faites-vous entre ce tableau et la pièce de Marivaux ?

....

....

....

....

Les Fausses Confidences : des stratagèmes au service de l'amour

LES STRATÈGES

LE VALET DUBOIS

Contrairement au valet Arlequin, Dubois est un **valet intelligent** et **rusé**. Personnage central, c'est lui le véritable stratège de la pièce, qui, par amitié pour Dorante, se met au service de ses sentiments. **Il est tour à tour metteur en scène, comédien, spectateur, et même porte-parole de l'auteur.**

ARAMINTE

Araminte se fait elle aussi **ponctuellement stratège**. Elle **attise la jalousie de Dorante** en maintenant le doute sur son intention d'épouser le Comte. **Sans en avoir conscience, elle participe au plan de Dubois** qui vise à révéler ses sentiments aux autres mais surtout à elle-même.

LES INSTRUMENTS DES STRATAGÈMES

LE PORTRAIT

Deux portraits d'Araminte servent la **stratégie de Dubois**. Le premier portrait fait naître le trouble chez Araminte, le second permet à Dubois de **faire connaître à tous l'amour de Dorante pour Araminte**.

LA LETTRE

Deux lettres sont utilisées dans la pièce. La première est un piège tendu par Araminte à Dorante (II, 13). La seconde est dictée par Dubois à Dorante (III, 1). Dans les deux cas, les **lettres** sont **fausses**, utilisées comme **instruments des stratagèmes**.

Activité 1 : DÉCOUVRIR LE PERSONNAGE DE DUBOIS

Regardez l'interview du comédien Pierre Arditi qui interprète le personnage de Dubois en 2010, dans la mise en scène de Didier Bezace.

a. Comment le comédien voit-il le personnage de Dubois ?

....

....

....

....

....

....

b. Comparez son propos et le jeu de l'acteur dans l'extrait proposé. Cette interprétation correspond-elle à l'image que vous vous faites du personnage ?

....

....

....

....

....

....

....

RÉVÉLER LES SENTIMENTS

Soumis à une épreuve, **objets d'une manipulation**, les **personnages de Marivaux se découvrent à eux-mêmes.** Ainsi, tous les stratagèmes déployés dans la pièce servent à amener **Araminte** à accepter ses **sentiments amoureux pour Dorante**. Le spectateur, conscient des sentiments d'Araminte avant elle, assiste à sa métamorphose.

LE MARIVAUDAGE

LE LANGAGE

Le marivaudage est fondé sur la parole. **C'est par les mots que les sentiments se révèlent**, à travers les apartés, les quiproquos, les insinuations, les non-dits. Le titre de la pièce renvoie à cette utilisation manipulatrice de la parole. Sous la plume de Marivaux, c'est à partir du faux que naît le vrai.

AVEU

Tous les stratagèmes déployés dans la pièce ont pour objectif l'aveu d'amour. Les scènes d'aveu sont fréquentes au théâtre, mais la particularité des pièces de Marivaux, c'est que tout concourt à cet aveu, qui a une force dramatique d'autant plus grande qu'il a été attendu par les personnages, et par les spectateurs.

QUIPROQUO

Marton, trompée par M. Remy, se croit aimée de Dorante. Cette méprise initiale va faire de **Marton** la **victime de nombreux quiproquos** et une **rivale d'Araminte**. Dubois utilise cette rivalité pour éveiller la jalousie d'Araminte, signe précurseur de l'amour.

LA THÉÂTRALITÉ DES STRATAGÈMES

Activité 2 : COMPRENDRE LA THÉÂTRALITÉ DES STRATAGÈMES

Observez cette photographie de la mise en scène de Didier Bezace.

a. À quel moment de la pièce se trouve-t-on ?

....

....

....

b. Comment l'accessoire est-il mis en valeur ? Comment le metteur en scène rend-il ce moment dramatique ?

....

....

....

....

....

....

....

Les Fausses Confidences, mise en scène de Didier Bezace au théâtre de la Commune, Aubervilliers, 2010, avec Isabelle Sadoyan, Jean-Yves Chatelais, Anouk Grinberg et Marie Vialle.

Acte I : lecture guidée

Testez votre lecture de l'acte I avec des quiz.

Pour vérifier que vous avez bien lu l'acte I, répondez aux questions suivantes.

Les personnages clés

Que veut chacun des personnages ? Complétez les phrases suivantes avec tous les personnages concernés.

.... voudrait que .... se marie avec ....

.... voudrait que .... se marie avec ....

.... voudrait que .... se marie avec ....

.... voudraient épouser ....

.... voudrait épouser ....

Les scènes clés

Scènes 1 et 2

1. **Quelle est, selon vous, l'utilité des deux premières scènes ?**

....

....

2. **D'après les informations données dans la liste des personnages et dans la scène 2, que savez-vous sur Dorante ?**

....

....

3. **Notez ce que vous apprenez sur Araminte.** ....

Scène 4

1. **Quel est le projet de M. Remy ? Expliquez les deux dernières phrases de la scène.**

....

....

2. **Pourquoi Dorante est-il « embarrassé » par le projet de son oncle, M. Remy ? Relevez une citation dans la scène 2 qui explique sa retenue.**

....

....

....

3. **Proposez un titre pour cette scène.** ....

Scène 10

1. **Quel est le plan de Mme Argante pour sa fille ?** ....

2. **En quoi Dorante contrarie-t-il ce projet ?** ....

....

....

3. **Citez deux pièces de Molière dans lesquelles un personnage s'appelle Argante ou Argan. Quels points communs ont-ils avec le personnage de Marivaux ?**

....

....

4. **Proposez un titre pour cette scène.** ....

Scène 14

1. Démêlez le vrai du faux dans la « confidence » de Dubois.

2. Araminte voulait congédier Dorante mais change d'avis. Quels arguments avance-t-elle pour se justifier ?

3. Proposez un titre pour cette scène.

Les thèmes clés

Reliez chaque thème à la citation qui l'illustre. Pour chaque thème, trouvez une autre citation dans l'acte I.

a. Le mariage •

b. La ruse, le stratagème •

c. La confidence •

d. La situation sociale •

• « Garde un profond secret, et que tout le monde, jusqu'à Marton, ignore ce que tu m'as dit. » (Araminte, sc. 14)

• « Allons faire jouer toutes nos batteries. » (Dubois, sc. 17)

• « Moi qui ne suis rien, moi qui n'ai point de bien. » (Dorante, sc. 2)

• « Je vous fiance en attendant mieux. » (M. Remy, sc. 4)

Activités d'appropriation

1. Sur le site du théâtre de la Commune d'Aubervilliers(theatredelacommune.com), découvrez, dans les archives de Didier Bezace, l'affiche conçue pour sa mise en scène des *Fausses Confidences*. En quoi cette affiche vous paraît-elle correspondre à ce que vous avez perçu dans le premier acte ?

2. Réécrivez la scène 14 en imaginant que c'est Dorante et non pas Dubois qui fait à Araminte le récit de son coup de foudre. Respectez la mise en forme d'une scène de théâtre, prenez garde à être cohérent(e) par rapport aux informations délivrées dans la scène originale. Votre écrit fera au moins 40 lignes.

Acte II : lecture guidée

Testez votre lecture de l'acte II avec des quiz.

Pour vérifier que vous avez bien lu l'acte II, répondez aux questions suivantes.

Les personnages clés

Quel personnage dont il a été question à l'acte I apparaît à l'acte II ?
Relevez les scènes où il est présent, et celles où il est mentionné. Que constatez-vous ?

Les scènes clés

Scènes 2 et 3

1. Dorante dit à la fin de la scène 2 à propos de M. Remy : « Il ne croit pas si bien me servir. » Expliquez.

2. Comment appelle-t-on un malentendu au théâtre ? Expliquez qui en est victime dans la scène 3.

3. Qu'est-ce qui, chez Dorante, charme à la fois Araminte et Marton ?

Scènes 9 et 10

1. Comment l'amour de Dorante est-il révélé à tous ?

2. Notez les réactions de chacun des personnages face à cette révélation.

3. Expliquez le stratagème de Dubois à la scène 10, et ses conséquences.

Scène 13

1. Quel est le plan d'Araminte pour que Dorante avoue lui-même son amour ?

2. Relevez une citation qui montre qu'Araminte prétend agir dans l'intérêt de Dorante.

3. Quels sont les sentiments des deux personnages pendant cette épreuve ?

Scène 15

1. Comment appelle-t-on ce type de scène au théâtre ? ....

2. Comment Araminte pousse-t-elle Dorante à se déclarer ?

3. Quel accessoire est ici réutilisé pour mettre Dorante au pied du mur ?

Les thèmes clés

Complétez les tableaux suivants et proposez ensuite une phrase d'interprétation à partir de vos observations.

1. La ruse, le stratagème

N° de la scène concernée	Personnage(s) menteur(s), manipulateur(s)	Personnage(s) victime(s)
1		
4		
9		
10		
12		
13		
15		
16		

Interprétation :

2. Le mariage arrangé

N° de la scène concernée	Personnage qui veut arranger un mariage	Personnage victime	Moyen de pression
2			
3			
4			
11			
13			
14			

Interprétation :

Activités d'appropriation

1. Luc Bondy, dans sa mise en scène, utilise une chanson d'Ella Fitzgerald (« All through the night ») pour suggérer qu'Araminte s'abandonne à la passion. Proposez à votre tour une musique ou une chanson qui pourrait accompagner la scène 13.

2. Rédigez une note d'intention pour la mise en scène de ce stratagème, en tenant compte de l'ambiance induite par la musique choisie.

Acte III : lecture guidée

Testez votre lecture de l'acte III avec des quiz.

Pour vérifier que vous avez bien lu l'acte III, répondez aux questions suivantes.

Les personnages clés

Montrez que, dans ce dernier acte, les deux figures parentales sont dépossédées de leur autorité.

M. Remy ....

....

....

Mme Argante ....

....

Les scènes clés

Scène 1

1. Quelle est l'attitude de Dubois ?

....

2. Que craint Dorante ?

....

....

3. En quoi cette scène fait-elle écho à la scène 2 de l'acte I ?

....

....

Scène 8

1. En quoi le stratagème de la lettre monté par Dubois consiste-t-il ?

....

....

....

....

2. Qualifiez la réaction de chacun des personnages à la lecture de la lettre.

....

....

....

3. Donnez un titre à cette scène. ....

Scène 12

1. Comment le trouble des personnages est-il perceptible ?

....

....

2. Quels sont les deux aveux de cette scène ?

....

....

3. Araminte sort-elle complètement de sa position ?

....

Scène 13

1. Ce dénouement correspond-il à ce qu'on attend d'une comédie ?

2. Pourquoi peut-on cependant considérer que cette fin est ambiguë ?

3. D'après vous, pourquoi le dernier mot est-il laissé aux deux valets ?

Le thème clé : la relation entre maître et valet

1. Arlequin et Marton sont tous les deux abusés par Dubois. Montrez que le premier nous fait rire alors que la seconde nous touche.

2. Relevez des citations qui illustrent la relation particulière qu'entretiennent maîtres et valets dans cette pièce.

Araminte et Marton :

Dubois et Dorante :

Activités d'appropriation

1. « Araminte accomplit un parcours qui s'apparente fortement à celui d'un personnage tragique », écrit Jean-Pierre Miquel à propos de sa mise en scène des *Fausses Confidences*. Observez la photographie et relevez les éléments dans la scénographie qui corroborent cette vision.

Les Fausses Confidences, dans une mise en scène de J.-P. Miquel à la Comédie-Française en 1996.

2. Rédigez, sur papier libre, un article critique sur cette mise en scène, en soulignant l'intérêt d'une telle interprétation.

Bilan de la lecture

Les personnages

Trouvez trois adjectifs pour qualifier le caractère de chacun des personnages de la pièce.

- Araminte : ....
- Dorante : ....
- Dubois : ....
- Marton : ....
- M. Remy : ....
- Mme Argante : ....
- Le Comte : ....
- Arlequin : ....

Les citations

1. Tous les personnages (sauf un) utilisent la ruse pour tromper et manipuler les autres.
Retrouvez pour chaque personnage, une citation qui le prouve.

Mme Argante	I, 10	....
Dubois	I, 17	....
Le Comte	II, 4	....
Araminte	II, 12	....
M. Remy	III, 10	....
Marton	III, 11	....
Dorante	III, 12	....

2. Nommez le personnage qui est trompé mais ne trompe jamais, et expliquez pourquoi il a ce statut à part.

....

....

La mise en scène

Regardez la vidéo proposée par la Comédie-Française : « Théâtre à la table, *Les Fausses Confidences* ».

1. Proposez des hypothèses pour justifier les choix de mise en scène indiqués avant la lecture.

....

....

....

....

....

....

....

....

....

2. Quel est l'intérêt de cette lecture faite par les comédiens dans l'élaboration du spectacle ?

....

....

....

....

....

....

Parcours « Théâtre et stratagème » : présentation

Mots clés

Théâtre	
Définition et étymologie	le mot « théâtre » vient du grec *theatron* qui désigne le **lieu où on regarde.**
Les éléments propres au spectacle	les décors, les costumes, les accessoires, les sons et lumières, la chorégraphie, la musique

Stratagème	
Définition	Le terme « stratagème », qui définit à l'origine une **ruse de guerre**, désigne plus largement une ruse conçue par une personne dans le but d'atteindre un objectif au moyen d'armes spécifiques.
Au théâtre	Le **stratagème**, qu'il réussisse ou qu'il échoue, est présent dans **tous les genres théâtraux** (tragédie, comédie, tragi-comédie...). Il est à la fois un procédé employé par un ou des personnages pour parvenir à une fin et une façon pour l'auteur de faire avancer l'intrigue, comme de divertir le spectateur, de le toucher et de le faire réfléchir...

Enjeux et thèmes clés

- Le parcours, en associant les deux notions de ***théâtre*** et de ***stratagème***, invite à considérer en quoi le **stratagème** est à la fois **moteur de l'action théâtrale** et **source d'effets dramatiques.**
- Pour réfléchir à cet enjeu, il faut s'intéresser aux différents aspects du stratagème théâtral :
  - **l'objectif visé** est souvent la révélation de l'**amour.** (➥ **Amour et stratagème**, p. 16)
  - le **stratège** est d'abord l'**auteur** de la pièce, mais aussi un ou des **personnages.** (➥ **Le stratège**, p. 19)
  - parmi les **armes** mises au service du stratagème théâtral, la **lettre** est souvent un accessoire porteur d'action. (➥ **La lettre, instrument du stratagème**, p. 23)
  - les effets du stratagème sont spectaculaires quand on le porte à la scène. (➥ **Théâtralité du stratagème**, p. 25)
- Chacun de ces thèmes permet de mieux comprendre la pièce de Marivaux. Dans *Les Fausses Confidences*, en effet, l'objectif des différents stratagèmes est l'**amour** (entre Dorante et Araminte) ; le **stratège est Dubois**, le valet ; la **lettre** est un des instruments utilisés pour **faire éclater les sentiments.** Enfin les stratagèmes qui construisent l'intrigue permettent à Marivaux de créer des **moments dramaturgiques forts** et de donner **son point de vue sur la société de son époque.** (➥ Marivaux en son temps, p. 4)

Questions

Quels sont les stratagèmes mis en place par Dubois dans *Les Fausses Confidences* ? Quel est son objectif ?

Citez une scène dont l'intensité dramatique est liée au déploiement d'un stratagème. Expliquez votre choix.

Parcours « Théâtre et stratagème » : groupements de textes

Groupement de textes 1 ■ Amour et stratagème

Les ruses déployées dans les comédies de Marivaux sont souvent liées à l'amour, but ultime qui justifie toutes les manœuvres.

Texte 1 Marivaux, *Le Jeu de l'amour et du hasard*, acte I, scène 4 (1730)

Marivaux (1688-1763) imagine dans cette pièce un double travestissement. Promis l'un à l'autre, Dorante et Silvia ont sans le savoir tous les deux la même idée : prendre la place de leur valet pour mieux s'observer. Seuls Orgon et Mario, le père et le frère de Silvia, sont au courant.

MONSIEUR ORGON, MARIO

MONSIEUR ORGON. – Nous verrons Dorante aujourd'hui ; mais nous ne le verrons que déguisé.

MARIO. – Déguisé ! Viendra-t-il en partie de masque[1] ? lui donnerez-vous le bal ?

MONSIEUR ORGON. – Écoutez l'article[2] de la lettre du père. Hum... « Je ne sais au reste ce que vous penserez d'une imagination[3] qui est venue à mon fils : elle est bizarre, il en convient lui-même ; mais le motif en est pardonnable et même délicat, c'est qu'il m'a prié de lui permettre de n'arriver d'abord chez vous que sous la figure de son valet, qui de son côté fera le personnage de son maître. »

MARIO. – Ah ! ah ! cela sera plaisant.

MONSIEUR ORGON. – Écoutez le reste... « Mon fils sait combien l'engagement qu'il va prendre est sérieux ; il espère, dit-il, sous ce déguisement de peu de durée, saisir quelques traits du caractère de notre future[4] et la mieux connaître, pour se régler[5] ensuite sur ce qu'il doit faire, suivant la liberté que nous sommes convenus de leur laisser. Pour moi, qui m'en fie bien à ce que vous m'avez dit de votre aimable fille, j'ai consenti à tout en prenant la précaution de vous avertir, quoiqu'il m'ait demandé le secret de votre côté ; vous en userez là-dessus avec la future comme vous le jugerez à propos... » Voilà ce que le père m'écrit. Ce n'est pas le tout, voici ce qui arrive ; c'est que votre sœur, inquiète de son côté sur le chapitre de Dorante, dont elle ignore le secret, m'a demandé de jouer ici la même comédie, et cela précisément pour observer Dorante, comme Dorante veut l'observer. Qu'en dites-vous ? Savez-vous rien de plus particulier que cela ? Actuellement, la maîtresse et la suivante se travestissent. Que me conseillez-vous, Mario ? Avertirai-je votre sœur, ou non ?

MARIO. – Ma foi, monsieur, puisque les choses prennent ce train-là[6], je ne voudrais pas les déranger, et je respecterais l'idée qui leur est venue à l'un et à l'autre ; il faudra bien qu'ils se parlent souvent tous deux sous ce déguisement. Voyons si leur cœur ne les avertirait pas de ce qu'ils valent. Peut-être que Dorante prendra du goût pour ma sœur, toute soubrette qu'elle sera, et cela serait charmant pour elle.

MONSIEUR ORGON. – Nous verrons un peu comment elle se tirera d'intrigue.

MARIO. – C'est une aventure qui ne saurait manquer de nous divertir, je veux me trouver au début et les agacer[7] tous deux.

1. **En partie de masque :** déguisé pour un bal masqué.
2. **L'article :** l'extrait.
3. **Imagination :** idée surprenante, extravagante.
4. **Notre future :** la future mariée.
5. **Se régler :** prendre une décision.
6. **Ce train-là :** cette tournure.
7. **Agacer :** provoquer, taquiner.

Question **D'après cet extrait, pourquoi Marivaux a-t-il choisi d'intituler sa pièce *Le Jeu de l'amour et du hasard* ?**

Texte 2 Marivaux, *L'Heureux Stratagème*, acte III, scène 10 (1733)

L'Heureux Stratagème *met en présence deux couples malheureux : la Marquise et le Chevalier, Dorante et la Comtesse. Afin d'aider Dorante à reconquérir la Comtesse, la Marquise élabore un stratagème. Tous deux font semblant de s'aimer et font croire à la Comtesse et au Chevalier, à la fin de la pièce, qu'un notaire est venu pour la signature de leur contrat de mariage.*

LA MARQUISE, DORANTE, LA COMTESSE,
LE CHEVALIER, ARLEQUIN, LISETTE

LA MARQUISE. – Nous nous aimons de bonne foi : il n'y a plus de remède, Comtesse, et deux personnes qu'on oublie ont bien droit de prendre parti ailleurs. Tâchez tous deux de nous oublier encore : vous savez comment cela se fait, et cela vous doit être plus aisé cette fois-ci que l'autre. (*Au notaire.*) Approchez, Monsieur. Voici le contrat qu'on nous apporte à signer. Dorante, priez Madame de vouloir bien l'honorer de sa signature.

LA COMTESSE. – Quoi ! si tôt ?

LA MARQUISE. – Oui, Madame, si vous nous le permettez.

LA COMTESSE. – C'est à Dorante à qui je parle, Madame.

DORANTE. – Oui, Madame.

LA COMTESSE. – Votre contrat avec la Marquise ?

DORANTE. – Oui, Madame.

LA COMTESSE. – Je ne l'aurais pas cru !

LA MARQUISE. – Nous espérons même que le vôtre accompagnera celui-ci. Et vous, Chevalier, ne signerez-vous pas ?

LE CHEVALIER. – Jé né sais plus écrire.

LA MARQUISE, *au notaire*. – Présentez la plume à Madame, Monsieur.

LA COMTESSE, *vite*. – Donnez. (*Elle signe et jette la plume après.*) Ah ! perfide ! (*Elle tombe dans les bras de Lisette.*)

DORANTE, *se jetant à ses genoux*. – Ah ! ma chère Comtesse !

LA MARQUISE. – Rendez-vous à présent ; vous êtes aimé, Dorante.

ARLEQUIN. – Quel plaisir, Lisette[1] !

LISETTE. – Je suis contente.

LA COMTESSE. – Quoi ! Dorante à mes genoux ?

DORANTE. – Et plus pénétré d'amour qu'il ne le fut jamais.

LA COMTESSE. – Levez-vous. Dorante m'aime donc encore ?

DORANTE. – Et n'a jamais cessé de vous aimer.

LA COMTESSE. – Et la Marquise ?

DORANTE. – C'est elle à qui je devrai votre cœur, si vous me le rendez, Comtesse ; elle a tout conduit.

LA COMTESSE. – Ah ! je respire ! Que de chagrin vous m'avez donné ! Comment avez-vous pu feindre si longtemps ?

DORANTE. – Je ne l'ai pu qu'à force d'amour ; j'espérais de regagner ce que j'aime.

LA COMTESSE, *avec force*. – Eh ! où est la Marquise, que je l'embrasse ?

LA MARQUISE, *s'approchant et l'embrassant*. – La voilà, Comtesse. Sommes-nous bonnes amies ?

LA COMTESSE. – Je vous ai l'obligation d'être heureuse et raisonnable. (*Dorante baise la main de la Comtesse.*)

1. Arlequin est le valet de Dorante, Lisette est la fille de Blaise, un paysan.

Question **Pourquoi le stratagème imaginé par Dorante et la Marquise était-il nécessaire ?**

Texte 3 Marivaux, *La Dispute*, scène 2 (1744)

Le Prince et Hermiane se disputent au sujet de l'amour : qui de l'homme ou de la femme a commis la première infidélité ? Pour tenter de répondre à cette question, le Prince propose une expérience qu'il explique à Hermiane au début de la pièce

HERMIANE, LE PRINCE

LE PRINCE. – Voici le fait : il y a dix-huit ou dix-neuf ans que la dispute d'aujourd'hui s'éleva à la cour de mon père, s'échauffa beaucoup et dura très longtemps. Mon père, naturellement assez philosophe, et qui n'était pas de votre sentiment, résolut de savoir à quoi s'en tenir, par une épreuve qui ne laissât rien à désirer. Quatre enfants au berceau, deux de votre sexe et deux du nôtre, furent portés dans la forêt où il avait fait bâtir cette maison exprès pour eux où chacun d'eux fut logé à part, et où actuellement même il occupe un terrain dont il n'est jamais sorti, de sorte qu'ils ne se sont jamais vus. Ils ne connaissent encore que Mesrou et sa sœur[1] qui les ont élevés, et qui ont toujours eu soin d'eux, et qui furent choisis de la couleur dont ils sont, afin que leurs élèves en fussent plus étonnés quand ils verraient d'autres hommes. On va donc pour la première fois leur laisser la liberté de sortir de leur enceinte, et de se connaître ; on leur a appris la langue que nous parlons ; on peut regarder le commerce[2] qu'ils vont avoir ensemble comme le premier âge du monde ; les premières amours vont recommencer, nous verrons ce qui en arrivera. (*On entend un bruit de trompettes.*) Mais hâtons-nous de nous retirer, j'entends le signal qui nous en avertit ; nos jeunes gens vont paraître ; voici une galerie qui règne[3] tout le long de l'édifice, et d'où nous pourrons les voir et les écouter, de quelque côté qu'ils sortent de chez eux. Partons.

1. **Mesrou et sa sœur** sont deux serviteurs noirs.
2. **Le commerce** : le comportement dans les relations.
3. **Une galerie qui règne** : un passage qui domine, qui surplombe.

Question **Pourquoi peut-on parler ici de théâtre dans le théâtre ?**

....

....

Texte 4 Coulet et Gilot, *Marivaux : un humanisme expérimental* (1973)

Dans leur essai, Henri Coulet (1920-2018) et Michel Gilot (1930-1998) analysent la pensée de Marivaux. Ils s'intéressent ici aux comédies de Marivaux, et au thème de l'épreuve imposée par un personnage à l'être aimé pour révéler ses sentiments.

À la différence des épreuves infligées par la vie et par le hasard, les épreuves machinées par une volonté attentive visent à rassurer autant celui qui les subit que celui qui les impose. Tous les dénouements des comédies où se jouent de telles épreuves le redisent, elles sont inspirées par le désir de ne pas laisser un être aimable se fourvoyer[1] dans un destin indigne de lui. En même temps qu'il se protège contre une imposture ou une erreur possible de son partenaire, l'auteur de l'épreuve force ce partenaire à s'engager de tout son être dans la recherche de son propre bonheur, sans aucun malentendu avec lui-même. L'épreuve apparaît donc finalement comme une preuve d'amour [...]. Le dépit, la colère que la victime peut manifester au cours de l'épreuve sont oubliés au dénouement et ne rendent que plus fervents la reconnaissance et le bonheur qui les remplacent. Il ne suffit pas de mettre à l'abri du doute et de fortifier par la résistance qu'on lui a opposée le sentiment d'autrui, il faut purger[2] autrui de ce qui empoisonnerait ce sentiment [...].

1. **Se fourvoyer** : faire fausse route.
2. **Purger** : purifier.

Question **Qu'est-ce qui justifie l'épreuve que les personnages de Marivaux imposent à l'être aimé ?**

....

....

Question-bilan sur le groupement de textes 1

D'après le texte 4, « il faut purger autrui de ce qui empoisonnerait » le sentiment amoureux. Expliquez en quoi les textes 1, 2 et 3 ainsi que *Les Fausses Confidences* répondent à cet objectif.

....

....

....

....

Groupement de textes 2 ■ Le stratège

Le stratège, celui qui met en œuvre le ou les stratagèmes, est très souvent le valet, mais ce rôle peut aussi être tenu par d'autres personnages.

Texte 1 Corneille, *L'Illusion comique*, acte V, scène 6 (1635)

Dans cette pièce de Corneille (1606-1684), le stratagème est monté par Alcandre, un magicien, pour aider Pridamant à comprendre les choix de son fils. À l'acte V, alors que Pridamant vient de voir son fils assassiné et se désespère, Alcandre lui révèle que Clindor n'est pas mort et que tout ce qu'il a vu n'était que du théâtre, son fils étant devenu comédien.

ALCANDRE, PRIDAMANT

PRIDAMANT

Mon fils comédien !

ALCANDRE

D'un art si difficile
Tous les quatre au besoin en ont fait leur asile,
Et depuis sa prison ce que vous avez vu,
Son adultère amour, son trépas imprévu,
N'est que la triste fin d'une pièce tragique
Qu'il expose aujourd'hui sur la scène publique,
Par où ses compagnons et lui, dans leur métier,
Ravissent dans Paris un peuple tout entier.
Le gain leur en demeure, et ce grand équipage[1]
Dont je vous ai fait voir le superbe étalage,
Est bien à votre fils, mais non pour s'en parer
Qu'alors que sur la scène il se fait admirer[2].

PRIDAMANT

J'ai pris sa mort pour vraie, et ce n'était que feinte,
Mais je trouve partout mêmes sujets de plainte :
Est-ce là cette gloire et ce haut rang d'honneur
Où le devait monter l'excès de son bonheur ?

ALCANDRE

Cessez de vous en plaindre : à présent le théâtre
Est en un point si haut qu'un chacun[3] l'idolâtre,
Et ce que votre temps voyait avec mépris
Est aujourd'hui l'amour de tous les bons esprits,
L'entretien de Paris[4], le souhait des provinces,
Le divertissement le plus doux de nos princes,
Les délices du peuple, et le plaisir des grands ;
Parmi leurs passe-temps il tient les premiers rangs,
Et ceux dont nous voyons la sagesse profonde
Par ses illustres soins conserver tout le monde,
Trouvent dans les douceurs d'un spectacle si beau
De quoi se délasser d'un si pesant fardeau.
Même notre grand Roi, ce foudre[5] de la guerre
Dont le nom se fait craindre aux deux bouts de la Terre,
Le front ceint de lauriers daigne bien quelquefois
Prêter l'œil et l'oreille au théâtre françois[6].

1. **Équipage** : ensemble de vêtements et accessoires.
2. **Le superbe étalage [...] admirer** : les superbes costumes qu'Alcandre a fait voir à Pridamant ne servent à son fils Clindor que pour monter sur scène.
3. **Un chacun** : tout le monde.
4. **L'entretien de Paris** : tout Paris en parle.
5. **Foudre** : homme redoutable.
6. **François** : français.

Question Pourquoi Alcandre n'a-t-il pas annoncé tout de suite à Pridamant que son fils était vivant, et comédien ?

Texte 2 Molière, *Les Fourberies de Scapin*, acte I, scène 3 (1671)

Octave aime Hyacinthe, une jeune fille pauvre d'origine inconnue. Ils se sont mariés en secret. N'osant pas l'avouer à son père, Octave implore l'aide de Scapin, un valet.

HYACINTE, OCTAVE, SCAPIN, SILVESTRE

OCTAVE. – [...] [Je] te conjure de tout mon cœur de prendre la conduite de notre barque.

SCAPIN. – Et vous, ne me dites-vous rien ?

HYACINTE. – Je vous conjure, à son exemple, par tout ce qui vous est le plus cher au monde, de vouloir servir notre amour.

SCAPIN. – Il faut se laisser vaincre, et avoir de l'humanité. Allez, je veux m'employer pour vous.

OCTAVE. – Crois que...

SCAPIN. – Chut ! Allez-vous-en, vous, et soyez en repos. Et vous, préparez-vous à soutenir avec fermeté l'abord de votre père.

OCTAVE. – Je t'avoue que cet abord me fait trembler par avance, et j'ai une timidité naturelle que je ne saurais vaincre.

SCAPIN. – Il faut pourtant paraître ferme au premier choc, de peur que, sur votre faiblesse, il ne prenne le pied de vous mener comme un enfant. Là, tâchez de vous composer par étude[1]. Un peu de hardiesse, et songez à répondre résolument sur tout ce qu'il pourra vous dire.

OCTAVE. – Je ferai du mieux que je pourrai.

SCAPIN. – Çà, essayons un peu, pour vous accoutumer. Répétons un peu votre rôle et voyons si vous ferez bien. Allons. La mine résolue, la tête haute, les regards assurés.

OCTAVE. – Comme cela ?

SCAPIN. – Encore un peu davantage.

OCTAVE. – Ainsi ?

SCAPIN. – Bon. Imaginez-vous que je suis votre père qui arrive, et répondez-moi fermement comme si c'était à lui-même. « Comment, pendard, vaurien, infâme, fils indigne d'un père comme moi, oses-tu bien paraître devant mes yeux, après tes bons déportements[2], après le lâche tour que tu m'as joué pendant mon absence ? Est-ce là le fruit de mes soins, maraud ? est-ce là le fruit de mes soins ? le respect qui m'est dû ? le respect que tu me conserves ? » Allons donc. « Tu as l'insolence, fripon, de t'engager sans le consentement de ton père, de contracter un mariage clandestin ? Réponds-moi, coquin, réponds-moi. Voyons un peu tes belles raisons. » Oh ! que diable ! vous demeurez interdit[3] !

OCTAVE. – C'est que je m'imagine que c'est mon père que j'entends.

SCAPIN. – Eh oui. C'est par cette raison qu'il ne faut pas être comme un innocent.

OCTAVE. – Je m'en vais prendre plus de résolution, et je répondrai fermement.

SCAPIN. – Assurément ?

OCTAVE. – Assurément.

SILVESTRE[4]. – Voilà votre père qui vient.

OCTAVE. – Ô Ciel ! je suis perdu.

SCAPIN. – Holà ! Octave, demeurez. Octave ! Le voilà enfui. Quelle pauvre espèce d'homme ! Ne laissons pas[5] d'attendre le vieillard.

SILVESTRE. – Que lui dirai-je ?

SCAPIN. – Laisse-moi dire, moi, et ne fais que me suivre.

1. **Vous composer par étude** : travailler votre personnage.
2. **Déportements** : écarts de conduite.
3. **Interdit** : paralysé, incapable de réagir.
4. **Silvestre** est le valet d'Octave.
5. **Ne laissons pas d'attendre** : attendons.

Question En quoi les caractères de Scapin et d'Octave s'opposent-ils ?

Texte 3 **Beaumarchais, *Le Barbier de Séville*, acte I, scène 4 (1775)**

Le valet Figaro retrouve son ancien maître, le comte Almaviva, qui s'est épris de la belle Rosine, jalousement gardée par son tuteur, Bartholo. Dans cet extrait, Figaro accepte d'aider le Comte à s'introduire chez lui.

LE COMTE, FIGARO

LE COMTE. – Tu dis que la crainte des galants[1] lui fait fermer sa porte ?

FIGARO. – À tout le monde : s'il pouvait la calfeutrer...

LE COMTE. – Ah ! diable ! tant pis. Aurais-tu de l'accès chez lui ?

FIGARO. – Si j'en ai ? *Primo*, la maison que j'occupe appartient au Docteur, qui m'y loge *gratis*.

LE COMTE. – Ah ! ah !

FIGARO. – Oui. Et moi, en reconnaissance, je lui promets dix pistoles d'or[2] par an, *gratis* aussi.

LE COMTE *impatienté*. – Tu es son locataire ?

FIGARO. – De plus, son barbier, son chirurgien, son apothicaire[3] ; il ne se donne pas dans la maison un coup de rasoir, de lancette ou de piston, qui ne soit de la main de votre serviteur.

LE COMTE *l'embrasse*. – Ah ! Figaro, mon ami, tu seras mon ange, mon libérateur, mon Dieu tutélaire[4].

FIGARO. – Peste ! comme l'utilité vous a bientôt rapproché les distances ! parlez-moi des gens passionnés !

LE COMTE. – Heureux Figaro ! tu vas voir ma Rosine ! tu vas la voir ! Conçois-tu ton bonheur ?

FIGARO. – C'est bien là un propos d'amant ! Est-ce que je l'adore, moi ? Puissiez-vous prendre ma place !

LE COMTE. – Ah ! si l'on pouvait écarter tous les surveillants ! [...]

FIGARO. – [...] Il me vient une idée. Le Régiment de Royal-Infant[5] arrive en cette ville.

LE COMTE. – Le Colonel est de mes amis.

FIGARO. – Bon. Présentez-vous chez le Docteur en habit de cavalier, avec un billet de logement[6] ; il faudra bien qu'il vous héberge ; et moi, je me charge du reste.

LE COMTE. – Excellent !

FIGARO. – Il ne serait même pas mal que vous eussiez l'air entre deux vins...

LE COMTE. – À quoi bon ?

FIGARO. – Et le mener un peu lestement sous cette apparence déraisonnable.

LE COMTE. – À quoi bon ?

FIGARO. – Pour qu'il ne prenne aucun ombrage, et vous croie plus pressé de dormir que d'intriguer chez lui.

LE COMTE. – Supérieurement vu ! Mais que n'y vas-tu, toi ?

FIGARO. – Ah ! oui, moi ! Nous serons bien heureux s'il ne vous reconnaît pas, vous, qu'il n'a jamais vu. Et comment vous introduire après ?

LE COMTE. – Tu as raison.

FIGARO. – C'est que vous ne pourrez peut-être pas soutenir ce personnage difficile. Cavalier... pris de vin...

LE COMTE. – Tu te moques de moi. (*Prenant un ton ivre.*) N'est-ce point ici la maison du Docteur Bartholo, mon ami ?

FIGARO. – Pas mal, en vérité ; vos jambes seulement un peu plus avinées[7]. (*D'un ton plus ivre.*) N'est-ce pas ici la maison...

LE COMTE. – Fi donc ! tu as l'ivresse du peuple.

FIGARO. – C'est la bonne ; c'est celle du plaisir.

1. **Galants** : prétendants.
2. **Pistoles** : monnaie de l'époque.
3. **Apothicaire** : pharmacien.
4. **Dieu tutélaire** : protecteur.
5. **Royal-Infant** : Prince d'Espagne.
6. **Billet de logement** : papier délivré par le maire qui oblige un habitant de la commune à loger un militaire.
7. **Avoir les jambes avinées** : chanceler sur ses jambes après avoir trop bu.

Question **Quels points communs voyez-vous entre cet extrait et le précédent ? entre Scapin et Figaro ?**

....

....

....

....

....

Texte 4 **Michalik, *Edmond*, 21 (2016)**

Dans sa pièce Cyrano de Bergerac, *Edmond Rostand raconte l'amour malheureux de Cyrano pour sa cousine Roxane. Mais, pour faire son bonheur, il va aider Christian à la séduire. Dans* Edmond, *Michalik (né en 1982) raconte comment Rostand a écrit sa pièce. Dans cet extrait, il imagine comment l'auteur a eu l'idée de la scène du balcon : Léo, qui veut séduire Jeanne, inspire le rôle de Christian, Jeanne celui de Roxane, et Edmond (Rostand), celui de Cyrano.*

21. *Balcon du théâtre du Palais-Royal*

EDMOND, *montrant du doigt le balcon.* – Elle est là.

Au balcon, Léo et Edmond distinguent, derrière une fenêtre, la silhouette de Jeanne, qui coud.

LÉO. – Eh bien, qu'est-ce que je fais ?

EDMOND, *soupirant.* – Appelle-la, je vais t'aider.

Edmond se cache sous le balcon, il fait signe à Léo : « Vas-y. »

LÉO. – Jeanne... Jeanne !

Elle ne peut pas se montrer à la fenêtre, le couturier les surveille.

JEANNE, *jetant un œil.* – Ah ! C'est vous.

LÉO. – Je voudrais te parler.

JEANNE *rentrant.* – Non, vous parlez trop mal. Allez-vous-en.

Edmond souffle alors les vers à Léo qu'il répète :

EDMOND, *soufflant.* – « Si mes mots sont hésitants...

LÉO, *répétant.* – « Si mes mots sont hésitants... c'est parce qu'il fait nuit. »

(Bas, à Edmond :) Je ne vois pas le rapport.

EDMOND, *soufflant.* – Dans cette ombre...

LÉO, *répétant.* – « Dans cette ombre... à tâtons... ils cherchent votre oreille. »

(Bas, à Edmond :) Ça ne rime pas du tout !

JEANNE. – Les miens n'éprouvent pas difficulté pareille.

Edmond et Léo se regardent : ça marche.

EDMOND, *soufflant.* – Ils trouvent tout de suite ?

LÉO *répétant.* – « Ils trouvent tout de suite ? Oh... Oh... »

(à Edmond :) Oh... ?

EDMOND, *bas.* – Cela va de soi.

LÉO, *répétant.* – « Cela va de soi, puisque... »

EDMOND, *bas.* – Puisque c'est dans mon cœur, eux, que je les reçois.

LÉO, *répétant, appréciatif.* – « Puisque c'est dans mon cœur, eux, que je les reçois. »

Jeanne s'arrête de coudre, un instant. Il a capté son attention.

Edmond sort un carnet et se met à noter ses mots à mesure qu'il les dicte.

Question **Expliquez en quoi le personnage d'Edmond est stratège, puis en quoi l'auteur lui-même utilise un stratagème pour renouveler la scène écrite par Rostand.**

Question-bilan sur le groupement de textes 2

Montrez, en citant les textes, que c'est le personnage stratège qui mène le dialogue dans chacun de ces extraits.

Groupement de textes 3 ■ La lettre, instrument du stratagème

La lettre, fréquemment utilisée au théâtre, est un accessoire intéressant parce qu'elle propose un mode d'énonciation révélateur : on peut, en voyant celui qui écrit la lettre, suivre le processus de rédaction et comprendre les sentiments du personnage. On peut aussi, lorsqu'on assiste à la lecture de la lettre, voir les réactions du lecteur, et du destinataire.

Texte 1 Racine, ***Bajazet***, acte IV, scène 3 (1672) (➥ p. 39)

Question **Comment perçoit-on le trouble d'Atalide ?**

....

....

....

Texte 2 Beaumarchais, ***Le Barbier de Séville***, acte II, scène 15 (1775)

Dans cette comédie de Beaumarchais (1732-1799), Figaro aide son maître, le comte Almaviva, à courtiser la belle Rosine, que son vieux tuteur Bartholo retient jalousement prisonnière, car il veut l'épouser. Bartholo vient de se rendre compte que le comte Almaviva a transmis un courrier à Rosine. Il insiste pour lire la lettre.

BARTHOLO, ROSINE

BARTHOLO. – Vous voulez me faire prendre le change[1] et détourner mon attention du billet, qui, sans doute, est une missive de quelque amant ! mais je le verrai, je vous assure.

ROSINE. – Vous ne le verrez pas. Si vous m'approchez, je m'enfuis de cette maison, et je demande retraite au premier venu.

BARTHOLO. – Qui ne vous recevra point.

ROSINE. – C'est ce qu'il faudra voir.

BARTHOLO. – Nous ne sommes pas ici en France[2], où l'on donne toujours raison aux femmes ; mais, pour vous en ôter la fantaisie, je vais fermer la porte.

ROSINE, *pendant qu'il y va*. – Ah ! ciel ! que faire ?... Mettons vite à la place la lettre de mon cousin, et donnons-lui beau jeu[3] de la prendre. (*Elle fait l'échange, et met la lettre du cousin dans sa pochette, de façon qu'elle sorte un peu.*)

BARTHOLO, *revenant*. – Ah ! j'espère maintenant la voir.

ROSINE. – De quel droit, s'il vous plaît ?

BARTHOLO. – Du droit le plus universellement reconnu, celui du plus fort.

ROSINE. – On me tuera plutôt que de l'obtenir de moi.

BARTHOLO, *frappant du pied*. – Madame ! Madame !...

ROSINE *tombe sur un fauteuil et feint de se trouver mal*. – Ah ! quelle indignité !...

BARTHOLO. – Donnez cette lettre, ou craignez ma colère.

ROSINE, *renversée*. – Malheureuse Rosine !

BARTHOLO. – Qu'avez-vous donc ?

ROSINE. – Quel avenir affreux !

BARTHOLO. – Rosine !

ROSINE. – J'étouffe de fureur.

BARTHOLO. – Elle se trouve mal.

ROSINE. – Je m'affaiblis, je meurs.

BARTHOLO, *à part*. – Dieux ! la lettre ! Lisons-la sans qu'elle en soit instruite. (*Il lui tâte le pouls et prend la lettre, qu'il tâche de lire en se tournant un peu.*)

ROSINE, *toujours renversée*. – Infortunée ! ah !...

BARTHOLO *lui quitte le bras, et dit à part*. – Quelle rage a-t-on d'apprendre ce qu'on craint toujours de savoir !

ROSINE. – Ah ! pauvre Rosine !

BARTHOLO. – L'usage des odeurs... produit ces affections spasmodiques[4]. (*Il lit par-derrière le fauteuil en lui tâtant le pouls. Rosine se relève un peu, le regarde finement, fait un geste de tête, et se remet sans parler.*)

BARTHOLO, *à part*. – Ô Ciel ! c'est la lettre de son cousin. Maudite inquiétude ! Comment l'apaiser maintenant ? Qu'elle ignore au moins que je l'ai lue ! (*Il fait semblant de la soutenir, et remet la lettre dans la pochette.*)

1. **Me faire prendre le change** : m'abuser, me tromper.
2. La pièce a pour cadre la ville de Séville en Espagne.
3. **Donner beau jeu** : donner les moyens.
4. Bartholo attribue le malaise soudain de Rosine aux parfums.

Question Pourquoi Rosine continue-t-elle de s'opposer à Bartholo une fois les lettres échangées ?

Texte 3 Musset, *On ne badine pas avec l'amour*, acte III, scène 2 (1834)

Le père de Perdican souhaite marier son fils à sa cousine Camille. Mais dès la première entrevue, Camille accueille froidement Perdican, parce qu'elle a peur de l'inconstance des hommes. Pour la rendre jalouse, Perdican fait la cour à Rosette, une jeune paysanne. Au début de l'acte III, il intercepte une lettre de Camille adressée à une religieuse.

PERDICAN, *seul.* – Que ce soit un crime d'ouvrir une lettre, je le sais trop bien pour le faire. Que peut dire Camille à cette sœur ? Suis-je donc amoureux ? Quel empire a donc pris sur moi cette singulière fille, pour que les trois mots écrits sur cette adresse me fassent trembler la main ? Cela est singulier ; Blazius, en se débattant avec la dame Pluche[1], a fait sauter le cachet. Est-ce un crime de rompre le pli[2] ? Bon, je n'y changerai rien. (*Il ouvre la lettre et lit.*) *« Je pars aujourd'hui, ma chère, et tout est arrivé comme je l'avais prévu. C'est une terrible chose ; mais ce pauvre jeune homme a le poignard dans le cœur ; il ne se consolera pas de m'avoir perdue. Cependant j'ai fait tout au monde pour le dégoûter de moi. Dieu me pardonnera de l'avoir réduit au désespoir par mon refus. Hélas ! ma chère, que pouvais-je y faire ? Priez pour moi ; nous nous reverrons demain et pour toujours. Toute à vous du meilleur de mon âme. – Camille. »* Est-il possible ? Camille écrit cela ? C'est de moi qu'elle parle ainsi ! Moi au désespoir de son refus ! Eh ! bon Dieu ! si cela était vrai, on le verrait bien ; quelle honte peut-il y avoir à aimer ? Elle a fait tout au monde pour me dégoûter, dit-elle, et j'ai le poignard dans le cœur ! Quel intérêt peut-elle avoir à inventer un roman[3] pareil ? Cette pensée que j'avais cette nuit[4] est-elle donc vraie ? Ô femmes ! cette pauvre Camille a peut-être une grande piété[5] ! c'est de bon cœur qu'elle se donne à Dieu, mais elle a résolu et décrété qu'elle me laisserait au désespoir. Cela était convenu entre les bonnes amies avant de partir du couvent. On a décidé que Camille allait revoir son cousin, qu'on le lui voudrait faire épouser, qu'elle refuserait, et que le cousin serait désolé. Cela est si intéressant, une jeune fille qui fait à Dieu le sacrifice du bonheur d'un cousin ! Non, non, Camille, je ne t'aime pas, je ne suis pas au désespoir, je n'ai pas le poignard dans le cœur, et je te le prouverai. Oui, tu sauras que j'en aime une autre avant de partir d'ici. Holà ! brave homme ! (*Entre un paysan.*) Allez au château ; dites à la cuisine qu'on envoie un valet porter à Mlle Camille le billet que voici. (*Il écrit.*)

1. Maître Blazius est le gouverneur de Perdican, dame Pluche la gouvernante de Camille : ils ont été chargés de leur éducation.
2. **Rompre le pli** : les lettres étaient pliées et scellées par un cachet en cire.
3. **Roman** : discours invraisemblable.
4. À l'acte III scène 1, Perdican avoue avoir passé la nuit à s'interroger sur ses sentiments pour Camille.
5. **Piété** : attachement fervent à Dieu.

Question Comment comprend-on qu'à la lecture de la lettre Perdican passe par les sentiments suivants ?

Incrédulité :

Humiliation :

Colère :

Désir de vengeance :

Questions-bilan sur le groupement de textes 3

a. À quoi sert la lettre dans chacun des textes ?

b. En quoi les lettres utilisées dans *Les Fausses Confidences* contribuent-elles à l'avènement de la vérité ?

Groupement de textes 4 ■ Théâtralité du stratagème

Le stratagème est, au théâtre, source de moments dramaturgiques forts aussi bien dans le registre tragique que dans le registre comique.

Texte 1 Shakespeare, *Roméo et Juliette*, acte V, scène 3 (1597)

Roméo Montaigu et Juliette Capulet appartiennent à deux familles ennemies qui refusent leur amour. Alors que Juliette est contrainte d'épouser le comte Pâris, elle demande de l'aide au frère Laurent. Celui-ci met en place un stratagème : il fait boire un philtre à Juliette qui la fait passer pour morte. Mais Roméo, qui n'a pas été prévenu à temps, croyant Juliette morte, s'empoisonne. Juliette se réveille juste après.

[Frère Laurent] entre dans la tombe.

FRÈRE LAURENT

Roméo ! Et si pâle ! Et qui d'autre ? Quoi, c'est Pâris,
Et baignant dans son sang ? Ah, quelle heure cruelle
Est coupable de ce désastre ?
Dieu, la jeune dame s'éveille !

Juliette s'éveille.

JULIETTE

Ô frère, mon réconfort ! Dites-moi où est mon seigneur,
Je me souviens très bien du lieu où je devais être
– Et où je suis... Où est mon Roméo ?

Des voix au loin.

FRÈRE LAURENT

J'entends du bruit, madame. Quittons ces lieux
De mort et d'infection, de sommeils qu'honnit la nature[1].
Un pouvoir contre quoi nous ne pouvons rien
A déjoué nos plans. Venez, viens, viens, ma fille,
Ton mari est là, contre toi, Roméo est mort
Et Paris l'est aussi. Viens, je te trouverai
Une communauté de saintes nonnes[2].
Ne me questionne pas, car le guet approche.
Viens, viens, chère Juliette. Je n'ose pas rester plus.

JULIETTE

Va, sors d'ici. Je ne partirai pas.

Il sort.

Qu'est ceci ? Une coupe, serrée
Entre les doigts de mon fidèle amour !
C'est le poison, je vois, qui l'a fait mourir
Si prématurément ! Tu as tout bu, avare,
Tu ne m'as pas laissé une goutte amie
Pour m'aider à venir auprès de toi ?
Mais je te baiserai les lèvres. Il se peut bien
Qu'elles soient humectées d'assez de poison encore
Pour que je puisse mourir de ce cordial[3].

Elle l'embrasse.

Que tes lèvres sont chaudes !
Le Page de Pâris entre dans le cimetière avec les hommes du guet.

LE GUETTEUR

Conduis-nous, mon garçon.
C'était de quel côté ?

JULIETTE

Du bruit ? Bien, faisons vite. Ô poignard, bienvenu,
Ceci est ton fourreau[4]. (*Elle se poignarde*). Repose là,
Pour que je puisse mourir.

Elle tombe et meurt sur le corps de Roméo.

1. **De sommeils qu'honnit la nature :** de sommeils contre-nature.
2. **Nonnes :** religieuses.
3. **Cordial :** potion. Le terme peut aussi signifier « ce qui stimule le courage ».
4. **Fourreau :** étui pour ranger le poignard.

Question **Montrez que ce texte est tragique. Relevez une phrase qui évoque l'impuissance des héros face à leur destin.**

....

....

....

....

Texte 2 Molière, *Le Bourgeois gentilhomme*, acte V, scènes 4-5 (1670)

Dans cette comédie de Molière (1622-1673), Monsieur Jourdain, un bourgeois, refuse de marier sa fille Lucile à Cléonte parce qu'il n'est pas noble. Avec l'aide de son valet Covielle, Cléonte organise une mascarade pour le faire céder : il vient déguisé en fils du grand Turc, accompagné de son traducteur Covielle, lui aussi déguisé, et propose d'organiser une cérémonie pour faire de Monsieur Jourdain un « Mamamouchi » (le terme a été inventé par Molière). Dorante et Dorimène jouent le jeu : au début de la scène 4, ils viennent saluer « le fils du grand Turc ».

Scène 4

CLÉONTE, COVIELLE, MONSIEUR JOURDAIN, DORIMÈNE, DORANTE

MONSIEUR JOURDAIN. – Où est le truchement[1] pour lui dire qui vous êtes, et lui faire entendre ce que vous dites ? Vous verrez qu'il vous répondra, et il parle turc à merveille. Holà ! où diantre est-il allé ? (*À Cléonte.*) *Strouf, strif, strof, straf.* Monsieur est un *grande Segnore, grande Segnore, grande Segnore* ; et Madame une *granda Dama, granda Dama. Ahi*, lui, Monsieur, lui *Mamamouchi* français, et Madame *Mamamouchie* française : je ne puis pas parler plus clairement. Bon, voici l'interprète. Où allez-vous donc ? nous ne saurions rien dire sans vous. Dites-lui un peu que Monsieur et Madame sont des personnes de grande qualité, qui lui viennent faire la révérence, comme mes amis, et l'assurer de leurs services. Vous allez voir comme il va répondre.

COVIELLE. – *Alabala crociam acci boram alabamen.*

CLÉONTE. – *Catalequi tubal ourin soter amalouchan.*

MONSIEUR JOURDAIN. – Voyez-vous ?

COVIELLE. – Il dit : Que la pluie des prospérités arrose en tout temps le jardin de votre famille.

MONSIEUR JOURDAIN. – Je vous l'avais bien dit, qu'il parle turc.

DORANTE. – Cela est admirable.

Scène 5

LUCILE, MONSIEUR JOURDAIN, DORANTE, DORIMÈNE, CLÉONTE, COVIELLE.

MONSIEUR JOURDAIN. – Venez, ma fille, approchez-vous, et venez donner votre main à Monsieur, qui vous fait l'honneur de vous demander en mariage.

LUCILE. – Comment, mon père, comme vous voilà fait ! est-ce une comédie que vous jouez ?

MONSIEUR JOURDAIN. – Non, non, ce n'est pas une comédie, c'est une affaire fort sérieuse, et la plus pleine d'honneur pour vous qui se peut souhaiter. Voilà le mari que je vous donne.

LUCILE. – À moi, mon père !

MONSIEUR JOURDAIN.– Oui, à vous : allons, touchez-lui dans la main[2], et rendez grâce au Ciel de votre bonheur.

LUCILE. – Je ne veux point me marier.

MONSIEUR JOURDAIN. – Je le veux moi, qui suis votre père.

LUCILE. – Je n'en ferai rien.

MONSIEUR JOURDAIN. – Ah ! que de bruit ! Allons, vous dis-je. Çà votre main.

LUCILE. – Non, mon père, je vous l'ai dit, il n'est point de pouvoir qui me puisse obliger à prendre un autre mari que Cléonte ; et je me résoudrai plutôt à toutes les extrémités, que de... (*Reconnaissant Cléonte.*) il est vrai que vous êtes mon père, je vous dois entière obéissance, et c'est à vous à disposer de moi selon vos volontés.

1. **Truchement** : interprète, traducteur.
2. **Touchez-lui dans la main.** : donnez-lui la main (en signe d'accord).

Question **Qu'est-ce qui rend cet extrait comique ?**

Texte 3 **Roblès, *Montserrat*, acte III, scène 7** (➥ p. 42)

Question **En quoi le stratagème mis en place par Izquierdo est-il violent et cruel ?**

Texte 4 **Yasmina Reza, *Art* (1994)**

Yasmina Reza (née en 1959), propose une réflexion sur l'art et sur l'amitié dans cette pièce, où trois amis se déchirent à propos du tableau d'un peintre contemporain imaginaire « Antrios », entièrement blanc, que Serge a acheté à un prix que Yvan et Marc jugent exorbitant. À la fin de la pièce, Serge invente un stratagème pour se réconcilier avec ses amis.

YVAN. – Une merde blanche !... (*Il est pris d'un fou rire.*)... Car c'est une merde blanche !... Reconnais-le mon vieux !... C'est insensé ce que tu as acheté !...
Marc rit, entraîné dans la démesure d'Yvan.
Serge sort de la pièce.
Et revient aussitôt avec l'Antrios qu'il replace au même endroit.

SERGE (*à Yvan*). – Tu as sur toi tes fameux feutres ?...

YVAN. – Pour quoi faire ?... Tu ne vas pas dessiner sur le tableau ?...

SERGE. – Tu as ou pas ?

YVAN. – Attends... (*Il fouille dans les poches de sa veste.*) Oui... Un bleu...

SERGE. – Donne.
Yvan tend le feutre à Serge.
Serge prend le feutre, enlève le capuchon, observe un instant la pointe, replace le capuchon.
Il lève les yeux vers Marc et lui lance le feutre.
Marc l'attrape.
Léger temps.

SERGE (*à Marc*). – Vas-y. (*Silence.*) Vas-y !
Marc s'approche du tableau...
Il regarde Serge...
Puis il enlève le capuchon du feutre.

YVAN. – Tu ne vas pas le faire !...

Marc regarde Serge...

SERGE. – Allez.

YVAN. – Vous êtes fous à lier tous les deux !

Marc se baisse pour être à la hauteur du tableau.
Sous le regard horrifié d'Yvan, il suit avec le feutre un des lisérés transversaux.
Serge est impassible[1].
Puis, avec application, Marc dessine sur cette pente un petit skieur avec un bonnet.
Lorsqu'il a fini, il se redresse et contemple son œuvre.
Serge reste de marbre.
Yvan est pétrifié.
Silence.

SERGE. – Bon. J'ai faim. On va dîner ?

Marc esquisse un sourire.
Il rebouche le capuchon et dans un geste ludique, le jette à Yvan qui s'en saisit au vol.

*

Chez Serge.
Au fond, accroché au mur, l'Antrios.
[Il] a retrouvé toute sa blancheur initiale. [...]
[Serge] se retourne et s'avance vers nous.

SERGE. – Lorsque nous sommes parvenus, Marc et moi, à l'aide d'un savon suisse à base de fiel de bœuf[2], prescrit par Paula[3], à effacer le skieur, j'ai contemplé l'Antrios et je me suis tourné vers Marc :
– Savais-tu que les feutres étaient lavables ?
– Non, m'a répondu Marc... Non... Et toi ?
– Moi non plus, ai-je dit, très vite, en mentant.
Sur l'instant, j'ai failli répondre, moi je le savais. Mais pouvais-je entamer notre période d'essai par un aveu aussi décevant ?... D'un autre côté, débuter par une tricherie... Tricherie ! N'exagérons rien. D'où me vient cette vertu stupide ? Pourquoi faut-il que les relations soient si compliquées avec Marc ?...

1. **Impassible :** qui ne réagit pas.
2. **Fiel de bœuf :** produit tiré de la bile de bœuf.
3. **Paula** est la compagne de Marc.

Question **Comment, dans cet extrait, la dramaturge allie-t-elle le comique et un registre plus sérieux ?**

Question-bilan sur le groupement de textes 4

Quels sont les procédés utilisés dans ces textes pour créer des moments dramaturgiques forts ?

L'explication linéaire : méthode

L'explication linéaire consiste à **analyser un texte** en suivant sa progression. Cette analyse doit permettre d'éclairer le sens du texte en construisant un projet de lecture cohérent.

Préparer l'explication linéaire

Étape 1
Découvrir le texte

1. Lisez le texte plusieurs fois : notez vos premières impressions.
2. Lisez attentivement le paratexte et situez l'extrait dans l'œuvre.
3. Pour caractériser l'extrait, utilisez vos connaissances sur l'objet d'étude concerné.
4. Pour mieux cerner les intentions de l'auteur, utilisez vos connaissances en histoire littéraire (courant littéraire, époque…).

Étape 2
Dégager la structure du texte

1. Repérez les différents mouvements (étapes) de l'extrait.
2. Donnez un titre à chaque mouvement résumant son contenu.

Étape 3
Analyser l'écriture pour comprendre les enjeux littéraires

1. L'explication linéaire vise à dégager les enjeux de l'extrait.
Pour cela, il faut en permanence articuler trois éléments :
– les citations précises qui font apparaître des procédés littéraires spécifiques ;
– les procédés littéraires (figures de style, vocabulaire, rythme et ponctuation, temps et modes verbaux, types de phrase, forme : prose ou vers, niveaux de langue…) qui produisent des effets ;
– les effets produits (rire, émotion, terreur, révolte, réflexion, conviction…) par l'extrait sur le lecteur (ou le spectateur).
2. À la fin de l'étude de chaque mouvement, rédigez une courte synthèse de votre analyse afin d'avoir une vision globale de votre raisonnement.

Étape 4
Préciser le projet de lecture

Formulez, à partir des aspects importants du texte que vous avez dégagés, une question qui mette en valeur le projet de lecture.

Présenter l'explication linéaire à l'oral

Étape 1
Introduire et présenter la structure du texte

- Préambule : présentez l'extrait (auteur, œuvre, époque).
- Lecture : faites une lecture expressive du texte qui mette en valeur le sens de l'extrait et qui en facilite la compréhension.
- Structure : résumez les mouvements du texte pour mettre en valeur la logique de l'extrait.
- Projet de lecture : présentez votre projet de lecture.

Étape 2
Présenter l'analyse du texte

- Expliquez l'extrait en suivant l'ordre du texte. Citez, analysez, interprétez le texte en suivant la logique des mouvements du texte.
- ATTENTION ! Pour que l'explication linéaire ne soit pas réduite à un catalogue de remarques isolées, reliez chacune de vos analyses aux enjeux du mouvement étudié. Revenez donc toujours aux titres que vous avez donnés aux différents mouvements du texte (étape 2 du travail préparatoire).

Étape 3
Conclure

- Faites le bilan de votre explication en rappelant votre projet de lecture et en résumant les grands mouvements du texte ainsi que ses enjeux principaux.
- Proposez une ouverture en faisant un parallèle avec l'œuvre dans son ensemble, une autre œuvre, un mouvement, un genre, un auteur, un art…

S'entraîner à la présentation orale

- **Écoutez les textes lus par les comédiens (QR codes* p. 30, 33, 36, 39, 42). Puis entraînez-vous à lire les extraits de manière expressive.**
- **Écoutez une explication linéaire corrigée (QR code* ci-contre). Entraînez-vous à présenter à l'oral les textes de votre liste du bac avec un(e) camarade ou en vous filmant. Évaluez-vous avec la grille (p. 49).**

Écoutez le texte.

ARAMINTE, DUBOIS

[ARAMINTE. – N'importe, je veux le congédier. Est-ce que tu la connais, cette personne ?

DUBOIS. – J'ai l'honneur de la voir tous les jours ; c'est vous, Madame.

ARAMINTE. – Moi, dis-tu !

DUBOIS. – Il vous adore ; il y a six mois qu'il n'en vit point, qu'il donnerait sa vie pour avoir le plaisir de vous contempler un instant. Vous avez dû voir qu'il a l'air enchanté, quand il vous parle.

ARAMINTE. – Il y a bien en effet quelque petite chose qui m'a paru extraordinaire. Eh ! juste Ciel ! le pauvre garçon, de quoi s'avise-t-il ?

DUBOIS. – Vous ne croiriez pas jusqu'où va sa démence ; elle le ruine, elle lui coupe la gorge.] [1] [Il est bien fait, d'une figure passable, bien élevé et de bonne famille ; mais il n'est pas riche ; et vous saurez qu'il n'a tenu qu'à lui d'épouser des femmes qui l'étaient, et de fort aimables[1], ma foi, qui offraient de lui faire sa fortune et qui auraient mérité qu'on la leur fît à elles-mêmes : il y en a une qui n'en saurait revenir[2], et qui le poursuit encore tous les jours ; je le sais, car je l'ai rencontrée.

ARAMINTE, *avec négligence*. – Actuellement ?

DUBOIS. – Oui, Madame, actuellement, une grande brune très piquante, et qu'il fuit. Il n'y a pas moyen ; Monsieur refuse tout. Je les tromperais, me disait-il ; je ne puis les aimer, mon cœur est parti. Ce qu'il disait quelquefois la larme à l'œil ; car il sent bien son tort.] [2]

[ARAMINTE. – Cela est fâcheux ; mais où m'a-t-il vue, avant que de venir chez moi, Dubois ?

DUBOIS. – Hélas ! Madame, ce fut un jour que vous sortîtes de l'Opéra, qu'il perdit la raison ; c'était un vendredi, je m'en ressouviens ; oui, un vendredi ; il vous vit descendre l'escalier, à ce qu'il me raconta, et vous suivit jusqu'à votre carrosse ; il avait demandé votre nom, et je le trouvai qui était comme extasié ; il ne remuait plus.

ARAMINTE. – Quelle aventure !

DUBOIS. – J'eus beau lui crier : Monsieur ! Point de nouvelles, il n'y avait personne au logis[3]. À la fin, pourtant, il revint à lui avec un air égaré ; je le jetai dans une voiture, et nous retournâmes à la maison. J'espérais que cela se passerait, car je l'aimais : c'est le meilleur maître ! Point du tout, il n'y avait plus de ressource : ce bon sens, cet esprit jovial, cette humeur charmante, vous aviez tout expédié[4] ; et dès le lendemain nous ne fîmes plus tous deux, lui, que rêver à vous, que vous aimer ; moi, d'épier depuis le matin jusqu'au soir où vous alliez.

ARAMINTE. – Tu m'étonnes à un point !...] [3]

1. **Aimables** : dignes d'être aimées.
2. **Qui n'en saurait revenir** : qui ne peut pas renoncer.
3. **Il n'y avait personne au logis** : il avait perdu la raison.
4. **Expédié** : anéanti.

Questions de grammaire, p. 48

Étape 1

Lisez le texte (p. 30). Situez l'extrait et notez vos premières impressions.

a. Pourquoi Araminte veut-elle renvoyer son intendant Dorante ?

....

b. Comment perçoit-on qu'Araminte est intéressée par ce que lui révèle Dubois ?

....

c. Les réactions d'Araminte vous paraissent-elles correspondre à ce qu'elle ressent en réalité ?

....

Étape 2

Donnez un titre à chaque mouvement du texte, en vous aidant des crochets indiqués.

[1] ....

[2] ....

[3] ....

Étape 3

1. Pour justifier le titre proposé pour le premier mouvement (étape 2), analysez les procédés littéraires (l. 1-10).

Relevez des citations	Analysez les procédés	Interprétez les effets
« la », « cette personne », « vous »	Pronoms et expression qui désignent la femme qu'aime Dorante	Dubois ménage le suspense, il manipule dès le début Araminte.
Dubois : « le plaisir », « enchanté », « contempler », « voir » Araminte : « extraordinaire », « a l'air », « m'a paru »	....	....
....	Expression indéfinie Vocabulaire affectif et interrogative	Ton condescendant d'Araminte, qui rappelle qu'elle et Dorante ne sont pas de la même condition sociale.
« sa démence », « ruine », « coupe la gorge » « elle le ruine », « elle lui coupe la gorge »	Champ lexical de la mort (physique et morale). Pronoms objets	....

Faites le bilan du premier mouvement : ....

....

2. Pour justifier le titre proposé pour le deuxième mouvement (étape 2), analysez les procédés littéraires (l. 10-18).

Relevez des citations	Analysez les procédés	Interprétez les effets
....	Vocabulaire mélioratif Conjonction adversative + négation	....

« ma foi », « fort aimables », « très piquante »	Insertion + adverbes d'intensité	…………………………
« avec négligence » / « Actuellement ? »	…………………………	Le détachement apparent d'Araminte est tout de suite invalidé par sa question qui montre son intérêt.
…………………………	…………………………	…………………………

Faites le bilan du deuxième mouvement : ……………………………………………………………

……………………………………………………………………………………………………

……………………………………………………………………………………………………

……………………………………………………………………………………………………

3. Pour justifier le titre proposé pour le troisième mouvement (étape 2), analysez les procédés littéraires (l. 19-31).

Relevez des citations	Analysez les procédés	Interprétez les effets
« il perdit la raison », « extasié », « il ne remuait plus », « il n'y avait personne au logis », « un air égaré »	…………………………	…………………………
…………………………	Proposition incidente (parenthèse dans le propos)	Dubois veut rendre son propos plus crédible (mais les représentations sont toujours le vendredi à l'Opéra…)
« ce bon sens, cet esprit jovial, cette humeur charmante » « c'est le meilleur maître ! » « que rêver à vous, que vous aimer »	…………………………	…………………………
…………………………	Phrases exclamatives	…………………………

Faites le bilan du troisième mouvement : ……………………………………………………………

……………………………………………………………………………………………………

……………………………………………………………………………………………………

Étape 4

Définissez votre projet de lecture.

……………………………………………………………………………………………………

……………………………………………………………………………………………………

Explication linéaire : acte II, scène 13

Écoutez le texte.

DORANTE, ARAMINTE

ARAMINTE. – [...] [J]e suis déterminée à épouser le Comte.

DORANTE, *d'un ton ému.* – Déterminée, Madame !

ARAMINTE. – Oui, tout à fait résolue. Le Comte croira que vous y avez contribué ; je le lui dirai même, et je vous garantis que vous resterez ici ; je vous le promets. (*À part.*) Il change de couleur.

DORANTE. – Quelle différence pour moi, Madame !

ARAMINTE, *d'un air délibéré.* – Il n'y en aura aucune, ne vous embarrassez pas[1], et écrivez le billet que je vais vous dicter ; il y a tout ce qu'il faut sur cette table.

DORANTE. – Eh ! pour qui, Madame ?

ARAMINTE. – Pour le Comte, qui est sorti d'ici extrêmement inquiet, et que je vais surprendre bien agréablement par le petit mot que vous allez lui écrire en mon nom. (*Dorante reste rêveur, et par distraction ne va point à la table.*) Hé bien ! vous n'allez pas à la table ? À quoi rêvez-vous ?

DORANTE, *toujours distrait.* – Oui, Madame.

ARAMINTE, *à part, pendant qu'il se place.* – Il ne sait ce qu'il fait ; voyons si cela continuera.

DORANTE *cherche du papier.* – Ah ! Dubois m'a trompé !

ARAMINTE *poursuit.* – Êtes-vous prêt à écrire ?

DORANTE. – Madame, je ne trouve point de papier.

ARAMINTE, *allant elle-même.* – Vous n'en trouvez point ! En voilà devant vous.

DORANTE. – Il est vrai.

ARAMINTE. – Écrivez. *Hâtez-vous de venir, Monsieur ; votre mariage est sûr...* Avez-vous écrit ?

DORANTE. – Comment, Madame ?

ARAMINTE. – Vous ne m'écoutez donc pas ? *Votre mariage est sûr ; Madame veut que je vous l'écrive, et vous attend pour vous le dire.* (*À part.*) Il souffre, mais il ne dit mot ; est-ce qu'il ne parlera pas ? *N'attribuez point cette résolution à la crainte que Madame pourrait avoir des suites d'un procès douteux.*

DORANTE. – Je vous ai assuré que vous le gagneriez, Madame : douteux, il ne l'est point.

ARAMINTE. – N'importe, achevez. *Non, Monsieur, je suis chargé de sa part de vous assurer que la seule justice qu'elle rend à votre mérite la détermine*[2].

DORANTE. – Ciel ! je suis perdu. Mais, Madame, vous n'aviez aucune inclination pour lui.

ARAMINTE. – Achevez, vous dis-je... *Qu'elle rend à votre mérite la détermine...* Je crois que la main vous tremble ! vous paraissez changé. Qu'est-ce que cela signifie ? Vous trouvez-vous mal ?

DORANTE. – Je ne me trouve pas bien, Madame.

1. **Ne vous embarrassez pas :** ne vous inquiétez pas.
2. **La seule justice qu'elle rend à votre mérite la détermine :** elle reconnaît votre mérite et c'est ce qui la décide.

Questions de grammaire, p. 46

Étape 1

Que ressentez-vous à la lecture du texte ci-dessus ? Notez vos premières impressions.

....

....

....

Étape 2

Pour chaque titre, indiquez à quelle partie du texte il correspond.

Une fausse confidence comme point de départ : ……………………………………

Mise en œuvre du piège : ……………………………………

Araminte renforce la pression sur Dorante : ……………………………………

Étape 3

1. **Pour justifier le titre proposé pour le premier mouvement (étape 2), analysez les procédés littéraires (…………).**

Relevez des citations	Analysez les procédés	Interprétez les effets
« déterminée », « résolue », « garantis », « promets », « délibéré » « dirai », « resterez », « aura »	Champ lexical de la résolution Didascalie Futur simple	Cruauté d'Araminte qui présente le mariage comme sûr et comme une faveur faite à Dorante pour qu'il reste à son service.
« d'un ton ému » « Déterminée, Madame ! » « Quelle différence pour moi, Madame ! » ; « Eh ! pour qui, Madame ? »	………………	………………
………………	Impératifs	………………
………………	Trois personnes désignées en une phrase	………………

Faites le bilan du premier mouvement : ……………………………………

2. **Pour justifier le titre proposé pour le deuxième mouvement (étape 2), analysez les procédés littéraires (…………).**

Relevez des citations	Analysez les procédés	Interprétez les effets
………………	Champ lexical de l'inattention	………………
« voyons si cela continuera »	………………	Araminte se place en observatrice, c'est elle qui tire les ficelles du piège.
« Ah ! Dubois m'a trompé ! »	………………	………………
………………	………………	En faisant dicter la lettre, Marivaux donne accès à son contenu. Par cet artifice, le spectateur a accès au contenu de la lettre.
………………	Phrases interrogatives	………………
………………	Écho	………………

Faites le bilan du deuxième mouvement : ……………………………………

3. Pour justifier le titre proposé pour le troisième mouvement (étape 2), analysez les procédés littéraires (………………).

Relevez des citations	Analysez les procédés	Interprétez les effets
…………………………	Impératif nié + conditionnel présent	…………………………
« Ciel ! Je suis perdu. » « Mais, Madame »	…………………………	Dorante avoue son désarroi, mais à part. Il conteste Araminte pour la première fois.
…………………………	Didascalie interne Interrogatives	…………………………
« Je ne me trouve pas bien, Madame. »	Euphémisme	…………………………

Faites le bilan du troisième mouvement : …………………………………………

………………………………………………………………

………………………………………………………………

………………………………………………………………

Étape 4

Formulez votre projet de lecture.

a. Quel est l'intérêt de cet extrait ?

………………………………………………………………

b. Formulez une question soulignant cet intérêt.

………………………………………………………………

Étape 5

Préparez l'introduction de votre explication linéaire, en suivant les étapes de la méthode (p. 29).

………………………………………………………………

………………………………………………………………

………………………………………………………………

………………………………………………………………

………………………………………………………………

Étape 6

Préparez la conclusion de votre explication linéaire, en suivant les étapes de la méthode (p. 29).

………………………………………………………………

………………………………………………………………

………………………………………………………………

………………………………………………………………

………………………………………………………………

Explication linéaire : acte III, scène 12

Écoutez le texte.

DORANTE, ARAMINTE

ARAMINTE. – Il n'y a pas moyen, Dorante ; il faut se quitter. On sait que vous m'aimez, et on croirait que je n'en suis pas fâchée.

DORANTE. – Hélas ! Madame, que je vais être à plaindre !

ARAMINTE. – Ah ! allez, Dorante, chacun a ses chagrins.

DORANTE. – J'ai tout perdu ! J'avais un portrait, et je ne l'ai plus.

ARAMINTE. – À quoi vous sert de l'avoir ? vous savez peindre.

DORANTE. – Je ne pourrai de longtemps m'en dédommager[1]. D'ailleurs, celui-ci m'aurait été bien cher ! Il a été entre vos mains, Madame.

ARAMINTE. – Mais vous n'êtes pas raisonnable.

DORANTE. – Ah ! Madame, je vais être éloigné de vous. Vous serez assez vengée. N'ajoutez rien à ma douleur.

ARAMINTE. – Vous donner mon portrait ! songez-vous que ce serait avouer que je vous aime ?

DORANTE. – Que vous m'aimez, Madame ! Quelle idée ! qui pourrait se l'imaginer ?

ARAMINTE, *d'un ton vif et naïf*. – Et voilà pourtant ce qui m'arrive.

DORANTE, *se jetant à ses genoux*. – Je me meurs !

ARAMINTE. – Je ne sais plus où je suis. Modérez votre joie : levez-vous, Dorante.

DORANTE, *se lève, et tendrement*. – Je ne la mérite pas. Cette joie me transporte. Je ne la mérite pas, Madame. Vous allez me l'ôter, mais n'importe, il faut que vous soyez instruite.

ARAMINTE, *étonnée*. – Comment ! que voulez-vous dire ?

DORANTE. – Dans tout ce qui s'est passé chez vous, il n'y a rien de vrai que ma passion, qui est infinie, et que le portrait que j'ai fait. Tous les incidents qui sont arrivés partent de l'industrie[2] d'un domestique qui savait mon amour, qui m'en plaint, qui par le charme de l'espérance du plaisir de vous voir, m'a pour ainsi dire forcé de consentir à son stratagème ; il voulait me faire valoir auprès de vous. Voilà, Madame, ce que mon respect, mon amour et mon caractère ne me permettent pas de vous cacher. J'aime encore mieux regretter votre tendresse que de la devoir à l'artifice[3] qui me l'a acquise ; j'aime mieux votre haine que le remords d'avoir trompé ce que j'adore.

ARAMINTE, *le regardant quelque temps sans parler*. – Si j'apprenais cela d'un autre que de vous, je vous haïrais sans doute ; mais l'aveu que vous m'en faites vous-même dans un moment comme celui-ci, change tout. Ce trait de sincérité me charme, me paraît incroyable, et vous êtes le plus honnête homme du monde. Après tout, puisque vous m'aimez véritablement, ce que vous avez fait pour gagner mon cœur n'est point blâmable : il est permis à un amant de chercher les moyens de plaire, et on doit lui pardonner lorsqu'il a réussi.

1. **M'en dédommager** : compenser cette perte.
2. **Industrie** : ingéniosité.
3. **Artifice** : ruse.

Questions de grammaire, p. 47

Étape 1

Notez vos premières impressions sur le texte ci-dessus.

....

....

....

....

Étape 2

Trouvez les mouvements du texte. Indiquez-les, à l'aide de crochets, sur le texte et donnez-leur un titre.

....

....

....

Étape 3

1. Pour justifier le titre proposé pour le premier mouvement (étape 2), analysez les procédés littéraires (..............).

Relevez des citations	Analysez les procédés	Interprétez les effets
	Tournure impersonnelle d'obligation et pronoms indéfinis	
« Hélas ! », « que je vais être à plaindre ! », « J'ai tout perdu ! », « Ah ! » « chagrin » « douleur »	- Interjections et phrases exclamatives - Champ lexical de la souffrance	
		Dorante se présente comme une victime de la pression sociale.

Faites le bilan du premier mouvement : ....

....

2. Pour justifier le titre proposé pour le deuxième mouvement (étape 2), analysez les procédés littéraires (..............).

Relevez des citations	Analysez les procédés	Interprétez les effets
« Ce serait avouer que je vous aime », « que vous m'aimez ! »	Répétition « aimer » (voir l. 1), conditionnel et subjonctif	Amour de Dorante verbalisé (l. 1) mais amour d'Araminte présenté comme une hypothèse invraisemblable.
« je ne la mérite pas » (x 2)		
		Araminte évoquait des injonctions sociales, Dorante une injonction morale.

Faites le bilan du deuxième mouvement : ....

....

3. Pour justifier le titre proposé pour le troisième mouvement (étape 2), analysez les procédés littéraires (..................).

Relevez des citations	Analysez les procédés	Interprétez les effets
« Dans tout ce qui s'est passé chez vous » « industrie », « stratagème », « cacher », « artifice », « trompé »	Phrase résumé Champ lexical de la tromperie	....
....	....	....
....	....	....
....	....	....

Faites le bilan du troisième mouvement : ....

Étape 4

Formulez votre projet de lecture.

....

Étape 5

Préparez la conclusion de votre explication linéaire, en suivant les étapes de la méthode (p. 29).

....

Explication linéaire : Racine, *Bajazet*, acte IV, scène 3

Écoutez le texte.

La tragédie de Racine (1639-1699), Bajazet, *a pour cadre Constantinople. Bajazet et Atalide s'aiment en secret. Le sultan Amurat, parti à la guerre, a remis les pouvoirs à Roxane, en lui demandant de tuer Bajazet dont il craint la révolte. Mais Roxane tombe amoureuse de Bajazet, et lui promet la vie sauve s'il l'épouse. À l'acte IV, Roxane qui a des soupçons sur les sentiments d'Atalide, décide de lui tendre un piège en lui donnant à lire une lettre révélant l'ordre du sultan de tuer Bajazet.*

ROXANE, ATALIDE, ZATIME.

[ROXANE.

Voyez. Lisez vous-même.
Vous connaissez, Madame, et la lettre et le seing[1].

ATALIDE.

Du cruel Amurat je reconnais la main.
(*Elle lit.*)
« Avant que Babylone éprouvât ma puissance,
« Je vous ai fait porter mes ordres absolus.
« Je ne veux point douter de votre obéissance,
« Et crois que maintenant Bajazet ne vit plus.
« Je laisse sous mes lois Babylone asservie,
« Et confirme en partant mon ordre souverain.
« Vous, si vous avez soin de votre propre vie,
« Ne vous montrez à moi que sa tête à la main. »] [1]

ROXANE.

[Eh bien ?

ATALIDE, *à part.*

Cache tes pleurs, malheureuse Atalide !

ROXANE.

Que vous semble ?

ATALIDE.

Il poursuit son dessein parricide[2].
Mais il pense proscrire[3] un prince sans appui.
Il ne sait pas l'amour qui vous parle pour lui,
Que vous et Bajazet vous ne faites qu'une âme,
Que plutôt, s'il le faut, vous mourrez...

ROXANE.

Moi, Madame !
Je voudrais le sauver, je ne le puis haïr.] [2]
[Mais...

ATALIDE.

Quoi donc ? qu'avez-vous résolu ?

ROXANE.

D'obéir.

ATALIDE.

D'obéir !

ROXANE.

Et que faire en ce péril extrême ?
Il le faut.

ATALIDE.

Quoi ! ce prince aimable... qui vous aime
Verra finir ses jours qu'il vous a destinés !

ROXANE.

Il le faut. Et déjà mes ordres sont donnés.] [3]

ATALIDE.

[Je me meurs.

ZATIME[4].

Elle tombe, et ne vit plus qu'à peine.

ROXANE.

Allez, conduisez-la dans la chambre prochaine.
Mais au moins observez ses regards, ses discours,
Tout ce qui convaincra[5] leurs perfides amours.] [4]

Jean Racine, *Bajazet*, acte IV, scène 3, 1671

1. **Seing** : signature. 2. **Parricide** : fait de tuer un souverain.
3. **Proscrire** : condamner à mort. 4. **Zatime** est l'esclave de la sultane Roxane.
5. **Convaincra** : apportera la preuve de.

Question de grammaire, p. 47

Étape 1

Notez vos premières impressions sur le texte ci-dessus.

a. En quoi le piège tendu par Roxane à Atalide consiste-t-il ? ....

....

b. Le piège fonctionne-t-il ? ....

c. Quelle est la tonalité principale de cet extrait ? ....

....

Étape 2

Donnez un titre à chaque mouvement du texte, en vous aidant des crochets indiqués.

[1] ....

[2] ....

[3] ....

[4] ....

Étape 3

1. Pour justifier le titre proposé pour le premier mouvement (étape 2), analysez les procédés littéraires (v. 1-11).

Relevez des citations	Analysez les procédés	Interprétez les effets
« Lisez vous-même »	Impératif et pronom renforcé	
« cruel », « puissance », « ordres », « obéissance », « lois », « asservie », « ordre souverain »		
	Rimes croisées	La disposition des rimes fait entendre une voix « autre », celle d'Amurat.
« si vous avez soin de votre propre vie »	Proposition hypothétique	

Faites le bilan du premier mouvement : ....

2. Pour justifier le titre proposé pour le deuxième mouvement (étape 2), analysez les procédés littéraires (v. 12-18).

Relevez des citations	Analysez les procédés	Interprétez les effets
	Phrases interrogatives	Roxane sonde Atalide pour qu'elle avoue son amour pour Bajazet.
« *à part.* Cache tes pleurs »	Aparté. Tonalité pathétique.	La détresse d'Atalide touche le spectateur.

Faites le bilan du deuxième mouvement : ....

3. Pour justifier le titre proposé pour le troisième mouvement (étape 2), analysez les procédés littéraires (v. 19-23).

Relevez des citations	Analysez les procédés	Interprétez les effets
« Moi, madame ! « Je voudrais le sauver, je ne le puis haïr » « Mais… »	Exclamation Conditionnel. Litote (= je l'aime) Aposiopèse (interruption de la phrase par des points de suspension)	
« d'obéir. / D'obéir ! »	Répétition, phrase exclamative	
		Roxane se dédouane en se faisant passer pour victime d'Amurat.
« ce prince aimable… qui vous aime… »		
« et déjà mes ordres sont donnés »		

Faites le bilan du troisième mouvement :

4. Pour justifier le titre proposé pour le quatrième mouvement (étape 2), analysez les procédés littéraires (v. 24-27).

Relevez des citations	Analysez les procédés	Interprétez les effets
	Hyperbole, vocabulaire de la mort	
		L'évanouissement d'Atalide signe la victoire de Roxane.
	Vocabulaire de l'enquête Jeu de mots	Roxane est déterminée à détruire Atalide et Bajazet. Dans « convaincra », on entend « vaincra »...
	Étymologie : transgression	

Faites le bilan du quatrième mouvement :

Étape 4

Formulez votre projet de lecture.

Explication linéaire : Roblès, *Montserrat*, acte III, scène 7

Écoutez le texte.

La pièce de Roblès (1914-1995) a pour cadre l'indépendance sud-américaine. Bolivar, qui dirige la révolte des Vénézuéliens contre les Espagnols, est en fuite. Montserrat, un lieutenant espagnol acquis à la cause rebelle, refuse de révéler à Izquierdo, chef des armées espagnoles, où se cache Bolivar. Pour le contraindre à parler, Izquierdo menace de tuer l'un après l'autre six otages pris au hasard dans la rue. Le Père Coronil et Moralès, un officier espagnol, sont présents. Alors qu'une belle jeune fille, Éléna, est déjà devant le peloton d'exécution, c'est au tour de la mère de famille.

MONTSERRAT, IZQUIERDO, MORALES, LE P. CORONIL,
LA MÈRE, SOLDATS

LA MÈRE. – Non ! Non ! Arrêtez ! arrêtez ! ne la tuez pas ! Il va parler ! (*au P. Coronil :*) Il est bon. Vous allez voir qu'il va parler ! (*À Izquierdo :*) Il dira tout ce que vous voudrez ! tout ! Attendez encore ! (*À Montserrat :*) N'est-ce pas que tu vas parler ! que tu ne veux pas qu'on tue Éléna, que tu ne veux pas qu'on me tue ! Dis-leur d'attendre ! Je t'en supplie ! (*Les tambours roulent plus vite. La mère se retourne vers Izquierdo.*) Vous pouvez dire aux soldats d'attendre ! Qu'ils attendent encore ! Comme vous êtes cruels, les hommes ! Comme il vous est facile de tuer ! Vous ne savez pas ! Vous ne savez pas !

IZQUIERDO, *à Montserrat.* – Montserrat ! Si tu parles… tu auras la vie sauve ! Dis un mot ! Lève la main, et j'arrête moi-même l'exécution ! Mais fais vite ! Bolivar aussi aura la vie sauve ! Il sera seulement déporté ! Vous serez tous les deux déportés en Afrique ! Je le prends sur moi ! J'obtiendrai de Son Excellence[1] !…

LE P. CORONIL. – Izquierdo !

IZQUIERDO, *il prend Montserrat au collet et le secoue brutalement.* – Mais parle donc, imbécile ! Dis un mot ! Ton silence est odieux ! On aimerait écraser à coups de talon cette tête où les mots s'enfoncent comme des balles dans la chair morte !

Décharge du peloton. Les tambours cessent. Izquierdo gifle Montserrat à la volée. Puis il le lâche et revient au milieu de la scène.

LA MÈRE, *folle de désespoir.* – Maudits ! maudits ! Je vous maudis tous ! Dieu aussi vous maudira ! Assassins d'enfants ! lâches ! lâches ! Cent fois lâches ! (*Elle s'abat sur la table en hurlant. Le P. Coronil s'est penché vers elle, il lui parle à voix basse tandis qu'elle est secouée de sanglots.*)

IZQUIERDO, *exaspéré.* – Débarrassez-moi de cette folle ! Emmenez-la ! Dépêchez-vous ! (*À Montserrat :*) Elle ne t'attendrira plus, n'est-ce pas ? Inutile de perdre du temps ! C'est fini ! (*Aux soldats :*) Faites vite et sortez tous ! Allez-vous-en ! tous ! tous !

LA MÈRE, *elle résiste aux soldats en hurlant.* – Non ! non ! Je ne veux pas ! Ne me tuez pas ! Ne me tuez pas ! J'ai deux enfants ! Deux petits enfants ! Non ! je ne veux pas !

Le Père Coronil sort avec elle. Moralès les suit. Il dit à deux soldats : « Vous deux, veillez derrière la porte ! »

Emmanuel Roblès, *Montserrat*, acte III, scène 7, © Éditions du Seuil, 1948.

1. Son Excellence : le roi.

Questions de grammaire, p. 45

Étape 1

Notez vos premières impressions sur le texte ci-dessus.

....

....

Étape 2

Indiquez dans le texte, avec des crochets, les mouvements de l'extrait. Puis donnez-leur un titre.

....

....

....

Étape 3

1. Pour justifier le titre proposé pour le premier mouvement (étape 2), analysez les procédés littéraires (……).

Relevez des citations	Analysez les procédés	Interprétez les effets
……	……	Roblès insiste sur le désespoir de la mère, personnage acculé et pathétique. Les différentes didascalies indiquent les mouvements scéniques de la mère, cela donne un aspect dramatique à la scène.
……	Champ lexical de la parole et de la mort (répétition)	……
……	……	L'évocation du temps qui passe souligne l'urgence de la situation.

Faites le bilan du premier mouvement : ……

2. Pour justifier le titre proposé pour le deuxième mouvement (étape 2), analysez les procédés littéraires (……).

Relevez des citations	Analysez les procédés	Interprétez les effets
……	Proposition hypothétique. Impératifs	Izquierdo utilise dans ce mouvement du texte, plusieurs stratagèmes pour faire plier Montserrat : d'abord il utilise le chantage, puis il feint d'être aux ordres de Montserrat.
« la vie sauve » (x 2) « déporté » (x 2)	……	Roblès, par l'écriture, insiste sur la solidarité entre Bolivar et Montserrat.
« brutalement, » « écraser à coups de talon », « comme des balles dans la chair morte », « gifle »	……	……
……	……	……

Faites le bilan du deuxième mouvement : ……

3. Pour justifier le titre proposé pour le troisième mouvement (étape 2), analysez les procédés littéraires (……………).

Relevez des citations	Analysez les procédés	Interprétez les effets
…………… …………… …………… ……………	Didascalies, tonalité pathétique	…………… …………… …………… ……………
…………… …………… ……………	…………… …………… ……………	Le Père Coronil, inactif, se montre complice de meurtres. Critique intrinsèque du clergé.
…………… …………… ……………	Champ lexical du temps qui passe	…………… …………… ……………
« *Le Père Coronil sort avec elle.* »	…………… …………… ……………	…………… …………… ……………

Faites le bilan du troisième mouvement : ……………………………………

……………………………………

……………………………………

Étape 4

Formulez votre projet de lecture.

……………………………………

Étape 5

Préparez l'introduction de votre explication linéaire, en suivant les étapes de la méthode (p. 29).

……………………………………

……………………………………

……………………………………

……………………………………

……………………………………

……………………………………

……………………………………

……………………………………

Étape 6

Préparez la conclusion de votre explication linéaire, en suivant les étapes de la méthode (p. 29).

……………………………………

……………………………………

……………………………………

……………………………………

……………………………………

……………………………………

Écoutez un corrigé.

La négation

1. La négation s'exprime par le lexique ou la syntaxe.
La **négation syntaxique** se construit le plus souvent en **deux parties** :
l'**adverbe de négation *ne*** + un **adverbe** (*pas*, *guère*, *jamais*, *plus*, *point*...)
+ un **pronom** (*rien*, *personne*, *aucun*, *nul*...)

2. La **négation lexicale** s'exprime à travers des mots tels que les **antonymes** (*soigné/négligé* ; *stable/bancal*...) et les **préfixes privatifs** -*in*, -*im*, -*des*, -*dé*.

3. La **négation** varie selon le niveau de langue.
– En langage familier, l'adverbe de négation *ne* peut disparaître.
Ex. : *C'est pas moi.*
– En langage soutenu :
– le *ne* seul porte la négation.
Ex. : *Je ne sais quoi.*
– le *ne* est privé de son sens négatif. On parle alors de **négation explétive**.
Ex. : *Je partirai avant qu'il ne vienne = Je partirai avant qu'il vienne.*

4. La valeur de la négation : la **négation** peut être **totale** ou **partielle**.

5. La **négation restrictive** construite avec l'**adverbe de négation *ne* + *que*** sert à exclure un élément de la négation seulement. Il ne s'agit pas à proprement parler d'une négation, mais d'une affirmation.
Ex. : *Je ne peux venir que le lundi. = Je peux venir seulement le lundi.*

Question Étudiez l'expression de la négation dans ces répliques (*Montserrat*, p. 42).

LA MÈRE. - Non ! Arrêtez ! arrêtez ! ne la tuez pas ! Il va parler ! [...] N'est-ce pas que tu vas parler !

IZQUIERDO. - Elle ne t'attendrira plus, n'est-ce pas ? Inutile de perdre du temps !

1. Surlignez les négations dans les phrases.
2. Rappelez la construction de chaque négation.

Question Réécrivez ce passage, extrait de *Montserrat* (p. 42), en inversant l'attitude de la mère. Effectuez toutes les transformations nécessaires.

LA MÈRE. – Non ! Non ! Arrêtez ! Arrêtez ! ne la tuez pas ! Il va parler ! Il est bon.
Vous allez voir qu'il va parler ! Il dira tout ce que vous voudrez ! tout ! Attendez encore !

L'interrogation

1. L'**interrogation directe** se termine par un **point d'interrogation.**
Selon le niveau de langue utilisé, ou l'effet recherché :
- elle suit la **même construction qu'une phrase déclarative.** *Tu as compris ?*
- elle est **introduite par la locution interrogative « est-ce que ».** *Est-ce que tu as compris ?*
- elle provoque une **inversion du verbe et du sujet.** *As-tu compris ? Cet élève a-t-il compris ?*
- elle est **introduite** par un **mot interrogatif** :
  - un **pronom** ***Qui*** *est là ?* ***Que*** *disent-elles ?* ***Que*** *veux-tu ?*
  - un **adjectif,** ***Quel*** *est ton but ?* ***Quelle*** *couleur préfères-tu ?*
  - un **adverbe,** *pourquoi, quand, comment, combien…*

2. L'**interrogation indirecte** est une **proposition subordonnée** amenée par une principale qui comporte un **verbe introducteur** (*se demander, ignorer, ne pas savoir*…) et un **mot introducteur** (*si, où, quand, qui, comment*…). Elle n'entraîne pas par elle-même de point d'interrogation. **Elle ne permet pas l'inversion du sujet.** *Elle me* ***demande si*** *j'ai compris.*

3. L'**interrogation totale** appelle une **réponse par oui ou par non.**

4. L'**interrogation partielle** porte sur une partie de la phrase et ne peut pas obtenir une réponse par oui ou par non. *Qu'as-tu compris ?*

5. **Une question peut avoir différentes valeurs.**
- **Valeur informative.** *Quel âge as-tu ?*
- **Valeur de confirmation :** *Tu penses vraiment que je peux y aller ?*, ou de **reproche :** *Ne me dis pas que tu as oublié son anniversaire ?*.
- **Valeur argumentative :** la **question rhétorique** permet d'interpeller son interlocuteur, de l'obliger à se prononcer, mais n'attend pas de réponse.

Question **Étudiez la construction syntaxique des interrogatives dans ces répliques des *Fausses Confidences* (acte II, sc. 13, p. 33). Que constatez-vous ?**

DORANTE. – Eh ! Pour qui, Madame ? […]

ARAMINTE. – Êtes-vous prêt à écrire ? […] Avez-vous écrit ?

DORANTE. – Comment, Madame ?

…………………………………………………………

…………………………………………………………

…………………………………………………………

…………………………………………………………

…………………………………………………………

…………………………………………………………

Question **Transformez ces interrogations directes d'Araminte (*Les Fausses Confidences*, acte II, sc. 13, p. 33) adressées à Dorante en interrogations indirectes. Faites toutes les transformations nécessaires.**

ARAMINTE. – […] Vous n'allez pas à la table ? À quoi rêvez-vous ? […] Qu'est-ce que cela signifie ? Vous trouvez-vous mal ?

Araminte demande à Dorante …………………………………………

…………………………………………………………

Les propositions subordonnées conjonctives circonstancielles

1. On parle de **proposition subordonnée conjonctive circonstancielle** lorsque...
– la proposition **complète la proposition principale** (elle ne peut être employée seule dans une phrase) ;
– la proposition **a une fonction de complément circonstanciel** (de lieu, temps, cause, conséquence, but, manière, concession, condition, comparaison, etc.). Cette proposition peut (presque toujours) **être déplacée** ou **supprimée** comme les autres compléments circonstanciels.

2. Toute proposition subordonnée conjonctive circonstancielle est introduite par une conjonction de subordination : *que*, *parce que*, *puisque*, *afin que*, *depuis que*, *si*, *comme*, *lorsque*, *quand*, *bien que*, *quoique*, *alors que*, etc.

3. C'est le sens de cette conjonction qui détermine le type de complément circonstanciel dont il s'agit.

Question **Réécrivez la dernière réplique de Dorante (*Les Fausses Confidences*, acte III, sc. 12, p. 36) en intégrant cinq subordonnées conjonctives circonstancielles exprimant la cause, la conséquence, le but, la condition et la concession.**

DORANTE. – Dans tout ce qui s'est passé chez vous, il n'y a rien de vrai que ma passion, qui est infinie, et que le portrait que j'ai fait. Tous les incidents qui sont arrivés partent de l'industrie d'un domestique qui savait mon amour, qui m'en plaint, qui par le charme de l'espérance du plaisir de vous voir, m'a pour ainsi dire forcé de consentir à son stratagème ; il voulait me faire valoir auprès de vous. Voilà, Madame, ce que mon respect, mon amour et mon caractère ne me permettent pas de vous cacher. J'aime encore mieux regretter votre tendresse que de la devoir à l'artifice qui me l'a acquise ; j'aime mieux votre haine que le remords d'avoir trompé ce que j'adore.

....

Question **Poursuivez le résumé de l'extrait de *Bajazet* (p. 39) en intégrant au moins trois subordonnées conjonctives circonstancielles. Précisez ce qu'elles expriment.**

Roxane veut piéger Atalide ....

La question de grammaire

Les relations au sein de la phrase complexe

1. Une phrase peut contenir **un seul verbe conjugué** (on dit que c'est une **phrase simple**) ou plusieurs (**phrase complexe**). Une phrase complexe est constituée de plusieurs propositions : il y a autant de propositions que de verbes conjugués.

2. La proposition peut être **indépendante si elle ne dépend pas d'une autre proposition.**

3. Entre elles, les propositions peuvent être **juxtaposées**, **coordonnées** ou **subordonnées.**

- Les **propositions juxtaposées** sont séparées par un **signe de ponctuation.**
  Ex. *[Je le vis], [je rougis], [je pâlis à sa vue].* (Racine, *Phèdre*)
- Les **propositions coordonnées** sont reliées par une **conjonction de coordination** (mais, ou, et...) ou un **adverbe.**
  Ex. *[Je lui bâtis un temple] et [pris soin de l'orner].* (Racine, *Phèdre*)
- La **proposition subordonnée** dépend de la **proposition principale** : elles sont reliées par un subordonnant.
  Ex. *[J'offrais tout à ce dieu] [que je n'osais nommer].* (Racine, *Phèdre*)

Question **Étudiez la construction de cette phrase tirée des *Fausses Confidences* (acte I, sc. 14, p. 30).**

DUBOIS. – Il est bien fait ; mais il n'est pas riche ; et vous saurez qu'il n'a tenu qu'à lui d'épouser des femmes qui l'étaient, et de fort aimables, qui offraient de lui faire sa fortune et qui auraient mérité qu'on la leur fît à elles-mêmes : il y en a une qui n'en saurait revenir, et qui le poursuit encore tous les jours ; je le sais, car je l'ai rencontrée.

1. Surlignez les verbes conjugués.
2. Analysez la construction de la phrase

Question **Cette tirade de Dubois (*Les Fausses Confidences*, acte I, sc. 14, p. 30) contient plusieurs phrases complexes. Identifiez la façon dont elles sont reliées, puis réécrivez la tirade en modifiant la façon de mettre en relation les phrases complexes (juxtaposition, coordination, subordination) sans modifier le sens.**

DUBOIS. – Il revint à lui avec un air égaré, je le jetai dans une voiture, et nous retournâmes à la maison. J'espérais que cela se passerait, car je l'aimais : c'est le meilleur maître !

L'entretien avec l'examinateur : méthode

En quoi consiste l'épreuve ?

La présentation de l'œuvre fait suite à l'explication linéaire choisie par l'examinateur. Elle dure 8 minutes et est notée sur 8 points.

- **Elle porte sur une œuvre choisie par l'élève parmi :**
  – les quatre œuvres du programme étudiées dans l'année ;
  – ou les quatre lectures cursives proposées dans l'année par le professeur en lien avec les parcours associés.
- **Elle comporte deux parties :**
  – première partie (environ 3 à 4 min) : l'élève présente brièvement l'œuvre lue qu'il a choisie et expose les raisons de son choix.
  – seconde partie (environ 4 à 5 min) : l'élève répond aux questions que l'examinateur lui pose à partir de sa présentation.

Qu'attend-on de vous ?

- **Pour la présentation de l'œuvre, on attend :**
  – que votre présentation témoigne d'une bonne lecture de l'œuvre,
  – que vous proposiez une approche personnelle de l'œuvre montrant votre sensibilité littéraire,
  – que vous donniez envie de lire l'œuvre à qui ne l'aurait pas lue.
- **Pour l'échange avec l'examinateur, on attend :**
  – que vous vous montriez capable d'approfondir certains points de votre présentation,
  – que vous soyez réactif(ve) aux questions en répondant avec dynamisme et vivacité,
  – que vous vous montriez ouvert(e) au dialogue en engageant une discussion intelligente et pertinente avec l'examinateur.

Comment vous préparer à l'entretien ?

- Établissez une fiche d'identité de l'œuvre (auteur, titre, année de publication, genre littéraire, contexte de création, thème principal).
- Réfléchissez aux raisons qui vous ont fait choisir cette œuvre (3 raisons au minimum).
- Identifiez un personnage qui vous a particulièrement marqué(e) et précisez les raisons de votre choix. Notez les passages où cela est particulièrement frappant.
- Identifiez des passages de l'œuvre qui vous ont particulièrement marqué(e) et précisez les raisons de vos choix.
- Réfléchissez à l'interprétation que vous donneriez de la pièce, si vous étiez metteur(se) en scène, aux acteurs et aux actrices que vous choisiriez pour incarner les personnages principaux à partir des représentations que vous pouvez voir.
- Posez-vous des questions sur le sens et la portée de l'œuvre : qu'est-ce qui rend l'œuvre intéressante encore aujourd'hui ? Qu'est-ce qui fait sa modernité ? Qu'est-ce que l'auteur a voulu (vous) dire à travers cette œuvre ? Quels moyens a-t-il privilégiés pour cela ?
- Imaginez par avance 2 ou 3 questions que l'examinateur pourrait vous poser sur votre présentation et préparez les réponses.

S'entraîner à l'entretien

Écoutez l'exemple de présentation ci-contre.
Entraînez-vous à plusieurs reprises avec un(e) camarade qui joue le rôle de l'examinateur.
Demandez à votre camarade d'évaluer chaque fois votre présentation avec la grille ci-dessous.

Entraînements	n° 1	n° 2	n° 3	n° 4	n° 5
Qualité de l'expression et de la prise de parole					
Qualité des connaissances					
Qualité de l'argumentation					
Respect du temps de parole					

(A) = très satisfaisant (B) = satisfaisant (C) = insuffisant (D) = très insuffisant

L'entretien avec l'examinateur : préparation

1. Fiche d'identité de l'œuvre

Complétez cette fiche.

Auteur :

Titre de l'œuvre et année de publication :

Genre littéraire :

Contexte historique de création de l'œuvre :

Thème principal de l'œuvre :

2. Les raisons qui vous ont fait choisir l'œuvre

Notez, sans rédiger, trois intérêts que vous voyez à cette pièce.

Cette pièce est intéressante parce que :

-
-
-

3. Votre personnage préféré

Quel personnage vous a le plus intéressé(e) ? Indiquez quel est son rôle dans le déploiement des stratagèmes de la pièce, puis relevez trois répliques qui illustrent sa participation.

Le personnage qui m'a le plus intéressé(e) est

Il initie / subit / accompagne sans le savoir / les stratagèmes de la pièce, comme on peut le voir dans :

- acte .... scène .... :
- acte .... scène .... :
- acte .... scène .... :

4. Votre passage préféré

Quel passage de la pièce vous a fait rire ou vous a ému(e) à la lecture ? en regardant la pièce ? Expliquez en quelques mots vos impressions.

- À la lecture, le passage de la pièce qui m'a touché(e) se situe à l'acte .... scène .... lorsque .... parce que
- En regardant la pièce, le passage de la pièce qui m'a touché(e) se situe à l'acte .... scène .... lorsque .... parce que

5. Sens et visée de l'œuvre

a. Comment expliquez-vous que les pièces de Marivaux et en particulier celle-ci soient encore jouées aujourd'hui ?

b. Comment comprenez-vous le titre de la pièce ?

c. Pourquoi, à votre avis, vous fait-on étudier cette pièce dans le cadre d'une réflexion sur les stratagèmes au théâtre ?

La dissertation : méthode

La dissertation est une **réflexion argumentée**. Il s'agit de proposer une **réponse** à une question (qui peut s'appuyer sur une citation). La dissertation porte sur l'**analyse d'une œuvre au programme** et de son parcours.

Étape 1
Analyser le sujet

1. Relevez et définissez les **mots clés** du sujet.
2. Repérez les mots qui **fonctionnent ensemble** et ceux qui s'**opposent**.
3. Entourez les **mots interrogatifs** : *comment, en quoi, pourquoi* invitent à **approfondir** le sujet ; *dans quelle mesure, si* invitent à **contester** le sujet.

Étape 2
Trouver une problématique

1. **Réécrivez le sujet** avec vos propres mots.
2. Formulez une question exprimant les grands enjeux soulevés par le sujet : ce sera votre **problématique**.

Étape 3
Trouver des arguments et des exemples

1. Dressez la liste des arguments qui permettent :
   – d'**approfondir** le sujet (si le sujet invite à un approfondissement) ;
   – de **confirmer** ou de **contester** le sujet (si le sujet invite à un débat).
2. Associez à chaque argument un exemple tiré de l'œuvre étudiée et éventuellement d'un texte étudié dans le cadre du parcours associé.

Étape 4
Élaborer un plan en classant les arguments

- Le plan doit être constitué de **deux ou trois parties**, elles-mêmes **divisées en deux ou trois sous-parties**.
- Chaque sous-partie doit être développée et s'appuyer sur **un ou deux exemples précis**.
- Classez vos idées de la plus simple à la plus compliquée.

Étape 5
Préparer l'introduction

1. Présentez l'œuvre (auteur, siècle, mouvement littéraire, genre…).
2. Recopiez le sujet à l'identique.
3. Reprenez l'étape 2 et proposez une reformulation du sujet.
4. Annoncez le plan en formulant une phrase pour chaque partie.

Étape 6
Préparer la conclusion

1. **Bilan :** commencez par un connecteur (*Enfin, Ainsi, Pour conclure…*) et résumez en quelques phrases synthétiques les deux ou trois grandes parties de votre devoir pour répondre à la problématique.
2. **Ouverture :** mettez en lien le sujet avec une autre œuvre, un autre auteur, un autre art…
   Appuyez-vous sur le travail que vous avez effectué dans le cadre du parcours associé.

Étape 7
Rédiger le développement au propre

- **Après** l'introduction et **avant** la conclusion, sautez au moins **deux lignes**.
- Pour signaler une grande partie, allez à la ligne et faites un alinéa. **Commencez chaque partie** par une phrase qui présente la **thèse** que vous allez développer.
- Pour signaler une sous-partie, allez à la ligne, faites un alinéa de deux carreaux. Chaque **sous-partie** s'organise en **quatre temps** :
  1. l'annonce de l'**idée directrice** de la sous-partie ;
  2. l'**argument** développé (cinq lignes) ;
  3. un ou deux **exemples** précis issus d'une œuvre (dix lignes) qui illustrent l'argument ;
  4. une phrase de **transition** entre les sous-parties.

Dissertation 1

Sujet « On assiste au truquage monté par Dorante et Dubois, infaillible, et on s'attend qu'il réussisse parce qu'on veut une bonne tromperie. » (*La Machine matrimoniale*, M. Deguy).

Vous commenterez cette citation dans un développement structuré, en vous appuyant sur des exemples précis tirés des *Fausses Confidences*.

Étape 1

a. Soulignez les mots ou expressions clés du sujet.

b. Repérez les liens entre les mots qui fonctionnent ensemble et ceux qui s'opposent à l'aide d'un code couleur.

Étape 2

a. Parmi les mots suivants, surlignez ceux qui vous paraissent importants pour traiter le sujet.

spectateur • comédie • stratagèmes • marivaudage • finalité, objectif • mise en scène

b. Formulez une problématique en utilisant les mots que vous avez choisis.

Étape 3

Trouvez, pour chaque argument, un exemple tiré des *Fausses Confidences*.

Arguments	Exemples
1. Les personnages sont manipulés.	
2. L'illusion théâtrale permet d'atteindre la vérité des sentiments.	
3. Les subterfuges sont nombreux.	
4. Le spectateur prend plaisir aux détours de l'intrigue.	
5. L'amour est purifié par les épreuves.	
6. Le spectateur est complice.	

Étape 4

Classez les arguments de l'étape 3 dans le tableau suivant pour élaborer le plan.

	Première partie : Les stratagèmes dans la pièce	Deuxième partie : La fonction des stratagèmes dans l'intrigue	Troisième partie : Le plaisir du spectateur
1re sous-partie			
2e sous-partie			

Étape 5

En vous aidant de la méthode (p. 51), repérez, par des crochets, les quatre étapes de l'introduction.

Auteur de nombreuses comédies à succès, Marivaux écrit Les Fausses Confidences en 1737. Araminte prend à son service Dorante, qui, grâce à l'aide de son ancien valet Dubois, parvient à conquérir cette riche veuve. Ainsi, comme l'écrit M. Deguy, « On assiste au truquage monté par Dorante et Dubois, infaillible, et on s'attend qu'il réussisse parce qu'on veut une bonne tromperie. » On remarque l'antithèse entre les termes « bonne » et « tromperie », qui laisse entendre que le mensonge a dans la pièce une valeur positive. Nous nous demandons, à la suite de cette affirmation, quelle utilité ont les truquages utilisés par le maître et son valet. Nous verrons tout d'abord les stratagèmes déployés, avant de nous intéresser à leur finalité dans le déroulement de l'intrigue. Enfin, nous analyserons leur intérêt pour le spectateur.

Étape 6

En vous aidant de la méthode (p. 51), complétez cette conclusion.

1. Ainsi, ce que M. Deguy appelle « la machine matrimoniale » chez Marivaux est bien à l'œuvre dans cette pièce, puisque ....

Les « truquages » dans Les *Fausses Confidences*, sont nombreux et variés. Ils ont deux objectifs, sur deux plans différents, moral et dramaturgique. ....

2. Si le titre de la pièce met en avant la « fausseté », le truquage pour Marivaux a donc bien une connotation positive, comme on le voit dans le titre d'une autre de ses pièces : ....

Étape 7

Rédigez la sous-partie correspondant à l'argument 6 en suivant les étapes de la méthode (p. 51).

....

Dissertation 2

Sujet « Il faut qu'elle nous épouse » dit Dubois à l'acte III, scène 1 des *Fausses Confidences*.

Dans un développement construit, analysez le rôle de Dubois dans le mariage qui se joue dans cette pièce de Marivaux.

Étape 1

a. Soulignez les mots ou expressions clés du sujet.

b. Repérez les mots qui fonctionnent ensemble.

Étape 2

a. Reformulez le sujet.

....

....

b. Surlignez la problématique qui vous paraît la plus pertinente.

- Quel rôle a Dubois dans la pièce ?
- Pourquoi Dubois est-il un personnage important de la pièce ?
- Comment Dubois sert-il le projet de mariage de son ancien maître ?

Étape 3

Listez, dans le tableau suivant, le plus d'arguments et d'exemples possible pour répondre au sujet.

Arguments	Exemples
1. Dubois utilise les autres, y compris quand des imprévus surgissent.	....
2.	....
3.	....
4.	....
5.	....
6. Dubois se démarque des valets traditionnels.	....

Étape 4

Classez les arguments de l'étape 3 dans le tableau suivant pour élaborer le plan.

	Première partie : « Nous », association Dorante / Dubois	**Deuxième partie : Dubois le stratège**	**Troisième partie : Dubois comédien et metteur en scène**
1re sous-partie	....	....	....
2e sous-partie	....	....	....

Étape 5

En vous aidant de la méthode (p. 51), rédigez l'introduction à cette dissertation.

....

....

....

....

....

....

Étape 6

En vous aidant de la méthode (p. 51), rédigez la conclusion de cette dissertation.

....

....

....

....

....

....

....

....

Étape 7

Identifiez, à l'aide de crochets, les différentes étapes de cette sous-partie (Arg. 6), soulignez les exemples tirés du texte.

Si le duo formé par le maître et le valet est courant dans la comédie, Dubois se démarque cependant du valet traditionnel, lourdaud, intéressé par l'argent et porté sur la bouteille comme Arlequin. Il a une position particulière, puisqu'il est le valet d'Araminte après avoir été celui de Dorante. C'est ainsi qu'au début de la pièce, il s'impose comme le mieux placé pour aider le jeune amoureux : « Je connais l'humeur de ma maîtresse, je sais votre mérite » (acte I, scène 2). Dans cette réplique, on voit bien qu'il est le lien naturel entre Dorante et Araminte. Par ailleurs, Dubois relève davantage de la tradition du valet rusé, et comme Figaro chez Beaumarchais, il a de l'autorité sur son ancien maître. On le voit grâce à l'utilisation de l'impératif, et à la répétition de formules comme « je vous conduis » (acte I, scène 2), ou « laissez-vous conduire » (acte III, scène 1). Contrairement à Arlequin qui ne comprend pas le langage des maîtres comme à l'acte I scène 8 « Quel benêt ! », Dubois fait preuve de finesse et il cerne bien le caractère et les sentiments de ses deux maîtres. Ainsi Dubois a un statut particulier, à la fois par rapport aux autres personnages de la pièce et par rapport à la tradition de la comédie, c'est ce qui lui permet de devenir l'instigateur d'une stratégie très élaborée dont l'objectif est le mariage de Dorante et Araminte.

Dissertation 3

Sujet « Chez mes confrères, [...] l'amour est en querelle avec ce qui l'environne, et finit par être heureux malgré ses opposants ; chez moi, il n'est en querelle qu'avec lui seul, et finit par être heureux malgré lui. » (Marivaux, cité par d'Alembert dans *Éloge de Marivaux*.)

Cette affirmation vous paraît-elle s'appliquer aux *Fausses Confidences* ? Vous répondrez à cette question dans un développement structuré qui prendra appui sur des exemples précis tirés du texte.

Étape 1

Soulignez les mots clés du sujet en repérant ceux qui fonctionnent ensemble ou s'opposent.

Étape 2

a. Reformulez le sujet.

....

....

b. Formulez la problématique.

....

Étape 3

Listez, dans le tableau, le plus d'arguments et d'exemples possible pour répondre au sujet.

Arguments	Exemples
1. Dorante timide, manque de confiance, défaitiste.	....
2.	....
3.	....
4.	....
5.	....
6.	....

Étape 4

Classez les arguments de l'étape 3 dans le tableau suivant. Donnez un titre à chaque partie.

	Première partie :	Deuxième partie :	Troisième partie : ....
1re sous-partie	....	....	....
2e sous-partie	....	....	....

Le commentaire : méthode

Le commentaire est une **analyse détaillée** d'un texte. Il s'agit d'expliquer ce que dit l'auteur et comment il le dit sans jamais séparer ces deux éléments. Le texte sur lequel porte l'épreuve n'est extrait d'aucune œuvre du programme de l'année et n'a pas de lien avec les parcours associés.

Étape 1
Réaliser la carte d'identité du texte

1. Notez le titre, l'auteur, la date de l'œuvre et le mouvement littéraire auquel elle appartient.
2. Précisez la forme du texte (en vers, en prose), son type (narratif, descriptif, argumentatif, explicatif), son genre (roman, récit, poésie, théâtre, littérature d'idées), sa tonalité (tragique, comique, satirique, ironique, ...).
3. Faites un bref résumé.

Étape 2
Noter vos premières impressions sur le texte

1. Quels effets la lecture de ce texte produit-elle sur vous ?
2. Quel titre donneriez-vous à l'extrait ?

Étape 3
Analyser le texte de manière détaillée

1. Relisez le texte en notant, dans la marge, les procédés littéraires que vous repérez.
2. Proposez une interprétation pour chaque procédé littéraire repéré.

Étape 4
Élaborer un projet de lecture

À l'aide des interprétations identifiées et de vos premières impressions de lecture, élaborez un projet de lecture, c'est-à-dire une question générale à laquelle votre commentaire pourrait répondre.

Étape 5
Construire un plan de commentaire

- Le plan de commentaire doit répondre au projet de lecture.
- Il est composé de deux ou trois grands axes, eux-mêmes divisés en deux ou trois sous-parties.
- Les interprétations identifiées à l'étape 3 constituent les parties de votre plan : regroupez-les en deux ou trois ensembles puis classez-les de l'idée la plus évidente à la plus complexe.

Étape 6
Rédiger l'introduction et la conclusion

- Introduction
  1. Rédigez deux ou trois phrases qui résument la fiche d'identité de l'extrait étudié (étape 1).
  2. Recopiez le projet de lecture.
  3. Énoncez en trois phrases claires les axes trouvés à l'étape 5.
- Conclusion
  1. Proposez un bilan qui réponde au projet de lecture.
  2. Faites une ouverture entre le texte d'étude et une autre œuvre, etc.

Étape 7
Rédiger le développement directement au propre

- Les parties et sous-parties commencent par un alinéa. Chaque partie est introduite par une phrase qui présente l'axe qui va être développé.
- Chaque sous-partie constitue un paragraphe (environ quinze lignes) qui annonce un argument, l'explique et le justifie par l'analyse et l'interprétation d'au moins une citation.

Commentaire : Dumas, *Kean*, acte III, scène 12

Une riche Anglaise, Anna Damby, rencontre l'acteur anglais Kean, célèbre pour ses interprétations de Shakespeare. Elle lui raconte ses premières expériences du théâtre, vécues alors qu'elle était atteinte d'une dépression sévère jugée sans remède.

Interjections et points de suspension : difficulté pour Anna de restituer l'expérience

Nombreux verbes de perception et de sensations mais comparaison (« statue ») dit encore l'immobilité

Accès à la parole (répétition du verbe « pouvoir »)

ANNA. – [...] [O]n venait de lever le rideau. Je me tournai instinctivement, cherchant de l'air à respirer... C'est alors que j'entendis une voix... oh !... qui vibra jusqu'au fond de mon cœur... Tout mon être tressaillit... Cette voix disait des vers mélodieux comme je n'aurais jamais cru que des lèvres humaines pussent en prononcer... Mon âme tout entière passa dans mes yeux et dans mes oreilles... Je restai muette et immobile comme la statue de l'étonnement, je regardai, j'écoutai... On jouait Roméo[1].

KEAN. – Et qui jouait Roméo ?

ANNA. – La soirée passa comme une seconde, je n'avais point respiré, je n'avais point parlé, je n'avais point applaudi... Je rentrai à l'hôtel de mon tuteur, toujours froide et silencieuse pour tous, mais déjà ranimée et vivante au cœur. Le surlendemain, on me conduisit au *More de Venise*... j'y vins avec tous mes souvenirs de Roméo... Oh ! mais, cette fois, ce n'était plus la même voix, ce n'était plus le même amour, ce n'était plus le même homme ; mais ce fut toujours le même ravissement... le même bonheur... la même extase... Cependant, je pouvais parler déjà, je pouvais dire : « C'est beau !... c'est grand !... c'est sublime ! »

KEAN. – Et qui jouait Othello[2] ?

ANNA. – Le lendemain, ce fut moi qui demandai si nous n'irions point à Drury-Lane[3]. C'était la première fois, depuis un an peut-être, que je manifestais un désir ; vous devinez facilement qu'il fut accompli. Je retournai dans ce palais de féeries et d'enchantements : j'allais y chercher la figure mélancolique et douce de Roméo... le front brûlant et basané de More... j'y trouvai la tête sombre et pâle d'Hamlet... Oh ! Cette fois, toutes les sensations amassées depuis trois jours jaillirent à la fois de mon cœur trop plein pour les renfermer... mes mains battirent, ma bouche applaudit... mes larmes coulèrent.

KEAN. – Et qui jouait Hamlet, Anna ?

ANNA. – Roméo m'avait fait connaître l'amour, Othello la jalousie, Hamlet le désespoir... Cette triple initiation compléta mon être... Je languissais sans force, sans désir, sans espoir ; mon sein était vide, mon âme en avait déjà fui, ou n'y était pas encore descendue, l'âme de l'acteur passa dans ma poitrine : je compris que je commençais seulement de ce jour à respirer, à sentir, à vivre !

Alexandre Dumas, *Kean*, acte III, scène 12, 1836.

1. **Roméo** : héros de la pièce *Roméo et Juliette* de Shakespeare
2. **Othello, Hamlet** : héros éponymes de pièces de Shakespeare. Othello est le « Maure » de Venise.
3. **Drury-Lane** : théâtre de Londres.

Étape 1

Réalisez la carte d'identité du texte en complétant cette fiche.

Auteur	....
Titre et signification	....
Date et mouvement littéraire	....
Forme du texte	....
Type	....
Genre	....
Tonalité	....
Bref résumé (3 à 5 lignes)	....

Étape 2

a. Notez vos premières impressions sur le texte.

....

....

....

b. Proposez un titre pour cet extrait.

....

Étape 3

a. En marge du texte (p. 58), complétez la légende avec les procédés littéraires utilisés.

b. Proposez une interprétation pour chaque couleur.

Vert : ....

....

Jaune : ....

....

Bleu : ....

....

Étape 4

Proposez un projet de lecture en utilisant les mots suivants : *Anna, Dumas, théâtre, éloge*.

....

....

Commentaire : Dumas, *Kean*, acte III, scène 12

Étape 5

a. Donnez un titre à chaque grande partie.

b. Organisez les procédés littéraires identifiés dans les trois parties en allant du plus évident au plus complexe.

c. Affinez vos analyses de l'étape 3b.

1re interprétation :

2e interprétation :

3e interprétation :

Étape 6

En vous aidant des trois étapes indiquées dans la méthode (p. 57), rédigez l'introduction du commentaire de ce texte.

1.

2.

3.

Commentaire : Sartre, *Les Mouches*, acte II, scène 7

Dans cette pièce, Sartre réécrit le mythe d'Électre. Pour se venger de leur mère Clytemnestre qui a tué leur père Agamemnon et s'est remariée avec Égisthe, Électre et son frère Oreste décident d'assassiner leur mère et leur beau-père. Oreste vient d'assassiner Égisthe, Électre a refusé de le suivre pour tuer Clytemnestre.

Acte II, scène 7

ÉLECTRE, *seule*

– Est-ce qu'elle va crier ? (*Un temps. Elle prête l'oreille.*) Il marche dans le couloir. Quand il aura ouvert la quatrième porte... Ah ! Je l'ai voulu ! Je le veux, il faut que je le veuille encore. (*Elle regarde Égisthe*). Celui-ci est mort. C'est donc ça que je voulais. Je ne m'en rendais pas compte. (*Elle s'approche de lui.*) Cent fois je l'ai vu en songe, étendu à cette même place, une épée dans le cœur. Ses yeux étaient clos, il avait l'air de dormir. Comme je le haïssais, comme j'étais joyeuse de le haïr. Il n'a pas l'air de dormir, et ses yeux sont ouverts, il me regarde. Il est mort - et ma haine avec lui. Et je suis là ; et j'attends, et l'autre est vivante encore, au fond de sa chambre, et tout à l'heure, elle va crier. Elle va crier comme une bête. Ah ! je ne peux supporter ce regard. (*Elle s'agenouille et jette un manteau sur le visage d'Égisthe*). Qu'est-ce que je voulais donc ? (*Silence. Puis cris de Clytemnestre.*) Il l'a frappée. C'était notre mère, et il l'a frappée. (*Elle se relève.*) Voici : mes ennemis sont morts. Pendant des années, j'ai joui de cette mort par avance, et, à présent, mon cœur est serré dans un étau. Est-ce que je me suis menti pendant quinze ans ? Ça n'est pas vrai ! Ça n'est pas vrai ! Ça ne peut pas être vrai : je ne suis pas lâche ! Cette minute-ci, je l'ai voulue et je la veux encore. J'ai voulu voir ce porc immonde couché à mes pieds. (*Elle arrache le manteau.*) Que m'importe ton regard de poisson mort. Je l'ai voulu, ce regard, et j'en jouis. (*Cris plus faibles de Clytemnestre.*) Qu'elle crie ! Qu'elle crie ! Je veux ses cris d'horreur et je veux ses souffrances. (*Les cris cessent.*) Joie ! Joie ! Je pleure de joie : mes ennemis sont morts et mon père est vengé.

Oreste rentre, une épée sanglante à la main. Elle court à lui.

Jean-Paul Sartre, *Les Mouches*, acte II, scène 7, © Gallimard, 1943.

Répétition du verbe « crier » au futur proche (certitude) ou au subjonctif (souhait). Polyptote du mot haine (haïssais, haïr)

....
....
....

....
....
....
....

Nombreuses répétitions et exclamations : elle essaye de se convaincre, de paraître assurée

....
....
....

Confusion temporelle (passé composé, présent, subjonctif, imparfait...)

....
....

....
....
....

....
....
....
....

....
....

....
....
....

Étape 1

Réalisez la carte d'identité du texte en complétant cette fiche.

Auteur	....
Titre	....
Date et tradition littéraire	....
Forme du texte	....
Type	....
Genre	....
Tonalité	....
Bref résumé	....

Étape 2

a. **Notez vos premières impressions.**

b. **Proposez un titre pour cet extrait.**

Étape 3

a. **En marge du texte p. 61, repérez les procédés littéraires.**

b. **Proposez une interprétation pour chaque couleur.**

Bleu :

Jaune :

Vert :

Etape 4

Formulez un projet de lecture.

Étape 5

a. **Donnez un titre à chaque grande partie.**

b. **Organisez votre analyse en sous-parties.**

1re interprétation :

2e interprétation :

3e interprétation :

Lectures cursives : méthode

En quoi consiste une lecture cursive ?

- La lecture cursive est une lecture qui accompagne la lecture de l'œuvre intégrale au programme et nourrit l'étude du parcours associé.
- Elle s'effectue à la maison en autonomie.
- Elle peut être choisie par l'élève pour la deuxième partie de l'oral du bac.

Comment lire une œuvre à la maison en autonomie ?

1. **Repérez la structure du livre** afin d'établir un programme de lecture (par exemple, pour une pièce de théâtre, vous pouvez décider de lire un acte par semaine ou une scène tous les soirs).
2. **Prenez des notes sur l'œuvre** que vous lisez, dans un carnet.

Avant de commencer la lecture, faites une fiche d'identité de l'œuvre :
– nom (et pseudonyme) de l'auteur, et éléments biographiques importants ;
– titre (et sous-titre) de l'œuvre, date de publication (ou de première représentation pour le théâtre) et circonstances historiques et littéraires de la création de l'œuvre.

Au fur et à mesure de votre lecture, notez les éléments importants :
– intrigue (où, quand et milieu social) ;
– personnages principaux (nom, âge, caractère, objectifs...) et liens entre les personnages ;
– thèmes principaux ;
– passages faisant écho aux thèmes du parcours associé : indiquez alors où se situe le passage, résumez-le.

Après avoir terminé votre lecture, consignez vos impressions :
– avis général sur l'œuvre ;
– personnage qui vous a le plus plu, passage qui vous a le plus marqué.

Idées de lectures cursives autour des *Fausses Confidences*

Molière,
Les Fourberies de Scapin **(1671)**
Scapin, le valet ingénieux, invente de nombreux stratagèmes pour servir les intérêts amoureux de son maître Léandre et de son ami Octave, contre leurs pères respectifs. Lorsqu'il s'exclame : « À vous dire la vérité, il y a peu de choses qui me soient impossibles, quand je m'en veux mêler ! », il se rapproche de Dubois des *Fausses Confidences*. Une comédie célèbre de Molière, réjouissante et rythmée, où tout est bien qui finit bien !

Alfred de Musset,
On ne badine pas avec l'amour **(1834)**
Perdican doit épouser sa cousine Camille qu'il n'a pas revue depuis qu'elle est entrée au couvent pour parfaire son éducation. Mais Camille a perdu toute confiance dans les hommes au contact des religieuses, et rejette Perdican, qui, pour la rendre jalouse, séduit la pauvre Rosette... (Re)découvrez le drame romantique avec cette pièce très accessible, où l'on s'aperçoit que les fausses confidences peuvent aussi mener au drame...

Edmond Rostand,
Cyrano de Bergerac **(1897)**
Inspirée de la vie de l'écrivain Cyrano de Bergerac, cette pièce met en scène un héros attachant au caractère bien trempé, au physique altéré par un trop grand nez. Amoureux de sa cousine, il n'ose pas lui avouer son amour. Il imagine alors une ruse, et utilise le beau Christian, lui aussi amoureux de Roxane, mais dépourvu d'esprit, pour parler d'amour à sa belle. Combien de temps ce stratagème pourra-t-il satisfaire les deux hommes ? Roxane se rendra-t-elle compte de la supercherie ?

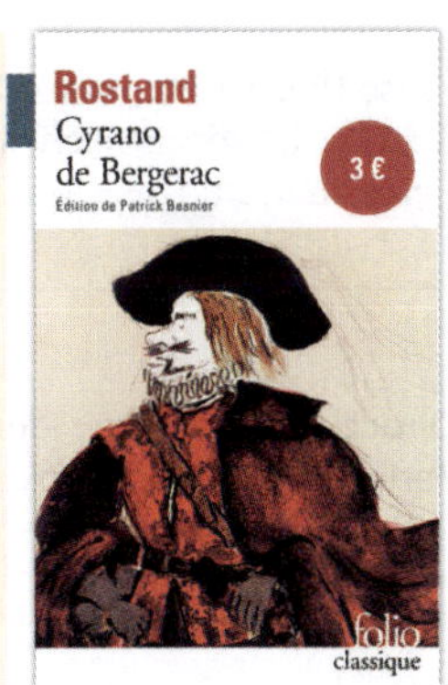

Jean Anouilh,
La Répétition ou l'amour puni **(1950)**
Le Comte Tigre souhaite donner une représentation de *La Double Inconstance* de Marivaux lors d'une réception. Il sera lui-même acteur, ainsi que sa maîtresse, sa femme, l'amant de celle-ci. On assiste aux répétitions, et peu à peu la réalité rejoint la fiction, et les masques tombent. Dans cette mise en abyme, Anouilh s'amuse avec les codes du théâtre et avec le texte original de Marivaux, auquel il rend hommage.

Ressources multimédia

Les sites clés sur Marivaux

- **gallica.bnf.fr/essentiels/marivaux** : le site de la BNF rassemble une riche iconographie pour découvrir l'auteur, son œuvre mais aussi le théâtre au XVIIIe siècle.
- **L'Histoire nous le dira**, « Marivaux, l'homme de théâtre du 18e siècle » : chaîne youtube québécoise qui, pour son épisode sur Marivaux, a invité Benoît Melangon (professeur à l'Université de Montréal) à présenter la vie et l'œuvre du dramaturge.

Mises en scène des *Fausses Confidences* à découvrir sur Internet

- **Théâtre à la table**, *Les Fausses confidences* lecture par la Comédie-Française, 2020.
- Mise en scène de Luc Bondy, théâtre de l'Odéon, 2015.
- Mise en scène de Didier Bezace, théâtre de la Commune d'Aubervilliers, 2010.
- Mise en scène d'Hubert Jappelle, théâtre de l'Usine, 2010.
- Mise en scène de Patrice Le Cadre, théâtre du Nord Ouest, 2005.

Podcasts à écouter sur France Culture

- Émission ***La compagnie des auteurs***, quatre épisodes consacrés à Marivaux.
- Émission ***En français dans le texte***, *Les Fausses Confidences*, pour préparer le bac de français.
- Émission ***Les Nouveaux Chemins de la connaissance***, « Maîtres et serviteurs : Molière et Marivaux »

Films à voir

Adaptations des *Fausses Confidences* :

- ***Les Fausses Confidences***, téléfilm réalisé par Luc Bondy, avec Isabelle Huppert et Louis Garrel (2016).
- ***Les Fausses Confidences***, film de Daniel Moosmann (1984).

Adaptations de deux autres pièces de Marivaux :

- ***La Fausse Suivante***, film de Benoît Jacquot (2000).
- ***L'Esquive***, réalisé par Abdellatif Kechiche (2004). Dans ce film, la pièce de Marivaux *Le Jeu de l'Amour et du hasard* est jouée par des jeunes d'une cité.

Crédits photos
Page 2 et les bas de pages : BIS / Ph. Jeanbor © Archives Larbor ; **5** BIS / © Archives Larbor ; **7** © Pascal Victor / ArtComPress via Leemage ; **13** © Pascal Victor / ArtComPress via Leemage

Crédits textes
Page 2 : *QRcode est une marque déposée par la société Denso Wave* Incorporated ; **18**, Henri Coulet et Michel Gilot, *Marivaux un humanisme expérimental*, 1973, DR ; **22**, Alexis Michalick, *Edmond*, © Le livre de poche, 2016 ; **25**, Shakespeare, *Roméo et Juliette*, 1597, trad. Y. Bonnefoy, © Folio, 2005 ; **27**, Yasmina Reza, *Art* © Albin Michel, 1994

Direction éditoriale : Marion Martin-Suhamy • **Direction artistique** : Pierre Taillemite • **Conception et réalisation des pages 4 à 7** : Sunny Marie • **Réalisation** : Hokus Pokus Créations • **Illustration de couverture** : Mélanie Kochert • **Iconographie** : Laurence Vacher • **Relecture** : Anne Dellenbach • **Photogravure** : Irylis • **Fabrication** : Jean-Philippe Dore

MIXTE
Papier issu de sources responsables
FSC® C022030

Bordas est un éditeur qui s'engage pour la préservation de l'environnement et utilise du papier issu de forêts gérées de manière responsable et d'autres sources contrôlées.

Ce cahier a été imprimé en France en mars 2021 par Pollina, imprimeur certifié IMPRIM'VERT®

N° de projet : 10270667 • Dépôt légal : mars 2021